AF452191

METHODE CERTAINE POUR APPRENDRE LE PLEINCHANT DE L'EGLISE.

Dreſſée par le Sieur NIVERs Compoſiteur en Muſique & Organiſte de la Chapelle du Roy.

A PARIS,

Chez CHRISTOPHE BALLARD, ſeul Imprimeur du Roy pour la Muſique, ruë Saint Jean de Beauvais, au Mont-Parnaſſe.

M. DC. XC IX.

AVEC PRIVILEGE DU ROY.

METHODE
CERTAINE
POUR APPRENDRE
LE PLEINCHANT
DE L'EGLISE.

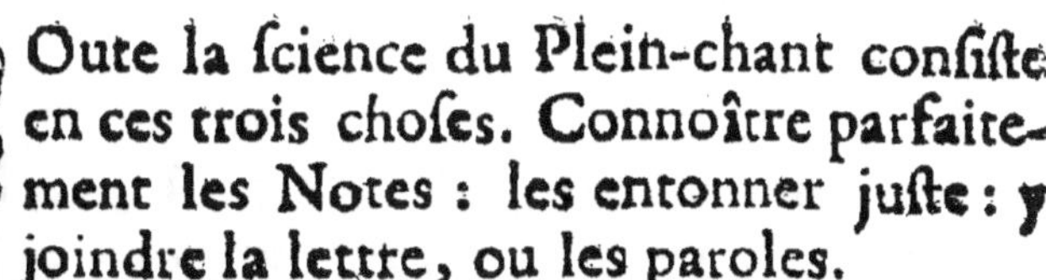

Oute la science du Plein-chant confiſte en ces trois choſes. Connoître parfaite-ment les Notes : les entonner juſte : y joindre la lettre, ou les paroles.

Pour connoître parfaitement les Notes, il faut les nommer & prononcer ſans chanter : pour les entonner juſte, la Voix en exprime les differens Tons en chantant, par leurs dif-ferens noms qui ſe prononcent en meſme temps : & pour y joindre les paroles, en quittant ces noms & retenant dans ſon idée les Tons, on y ſubſtituë chaque ſyllabe des paroles ſur chacune des Notes, ou ſur pluſieurs Notes sous lesquelles sont situées ces syllabes.

Ces trois choses se doivent faire l'une aprés l'autre, pour avancer & apprendre à fond; autremenr ce ne sera jamais que routine & confusion. Car si pour trouver le nom d'une Note en chantant, vous avez besoin d'une aussi forte attention que pour en trouver le Ton, l'effort de vôtre imagination sera double; & sera triple si vous y voulez joindre encore en mesme temps l'application des paroles. Il est donc absolument necessaire de sçavoir le nom des Notes auparavant que de les chanter, & les chanter parfaitement auparavant **que** d'y joindre les paroles.

Mais pour chanter les Notes il ne suffit pas d'en sçavoir les noms, il faut en sçavoir encore les Tons. Or il n'y a que la voix en chantant qui puisse exprimer la diference essentielle des Tons : neantmoins les diferens noms joins à la voix & prononcez en mesme temps que l'on chante, ne laissent pas aussi de montrer la diference essentielle des Tons, par l'habitude que l'on contracte avec le temps de nommer ainsi un tel Ton, & de nommer autrement un autre Ton, soit en haut, soit en bas, soit en montant, soit en descendant.

Pour avoir une parfaite intelligence de ces Tons, il faut remarquer deux sortes de Tons, l'un simple & l'autre relatif. Le Ton simple est celuy que l'on appelle tout court, Ton; & c'est un seul son que la voix pousse, comme quand on dit prendre le Ton, ou prenez mon Ton, c'est à dire chantez & commencez le mesme son que moy, ou à l'unisson. Aussi les Compositeurs n'appellent ce Ton que simplement son. Nous parlerons aprés du Ton relatif.

Il y a sept Tons diferens & principaux dans tout le Pleinchant, tous les autres plus hauts ou plus bas ne font que les repliques de ceux-cy. Ces fept diferens Tons ont chacun leur nom. Et ces noms & ces Tons s'appliquent fur fept Notes fituées fur fept differens degrez, qui font les Regles & les Efpaces fur lefquelles peuvent eftre fituées toutes les Notes. On met ordinairement quatre regles au Plein-chant, c'eft à dire une bande ou portée de quatre Regles pour chaque ligne ; rarement on ajoûte un reglet en haut ou en bas , pour y mettre encore une Note plus haut , ou plus bas, que l'étenduë ordinaire des quatre Regles.

Les noms de ces Tons font, Ut, Ré, Mi, Fa, Sol, La, Si, lefquels fe prononcent fur les Notes en exprimant par la Voix ces differens Tons, & c'eft pour cela que ces Tons exprimez par la Voix s'appellent ordinairement Voix. Il y a donc fept Voix, dont voici l'ordre en montant & en defcendant.

<table>
<tr><td rowspan="6">*En montant.*</td><td>Si</td><td rowspan="6">*En defcendant.*</td></tr>
<tr><td>La</td></tr>
<tr><td>Sol</td></tr>
<tr><td>Fa</td></tr>
<tr><td>Mi</td></tr>
<tr><td>Ré</td></tr>
<tr><td></td><td>Ut</td><td></td></tr>
</table>

Lefquelles fe redoublent en montant & en defcendant felon & à proportion que les Notes montent ou defcendent, en recommençant par l'Ut aprés le Si en montant, & en reprenant le Si aprés l'Ut en defcendant, & les autres Voix confecutivement , élévant ou abaiffant les Tons felon les diferens degrez où font fituées les Notes ; ce qui ne fe peut exprimer & connoître parfaitement qu'en chantant.

A iij

Pour ouvrir & donner entrée à la connoiſſance de ces Voix, il y a deux ſortes de Clefs dans tout le Plein-chant, ſçavoir la Clef de C ſol ut, & la Clef d'F ut fa : leſquelles ſe mettent toûjours au commencement de chaque ligne ſur l'une des quatre Regles, & jamais dans les Eſpaces. Ce ſont ces Clefs qui déterminent tous les Tons, ou toutes les Voix, ſur tous le Degrez, Regles & Eſpaces où peuvent eſtre ſituées les Notes : leſquelles ſe chantent ou par bemol ou par becarre. Il y a donc deux ſortes de Chants, ſçavoir le Chant par bemol, & le Chant par becarre. On connoît le Chant par bemol quand il eſt marqué aprés & tout proche la Clef un bemol fait ainſi ♭. Le Chant par becarre ſe remarque lorſqu'il n'y a point de bemol aprés la Clef, quoyqu'il ait ſa figure propre, ainſi ♮. Mais elle ſe marque tres-rarement ; encore c'eſt quelquefois au milieu ou vers le milieu d'une ligne, pour faire changer le Chant de bemol en becarre. Ce qui n'arrive jamais dans le Chant bien reglé.

Pour voir d'un coup d'œil, toutes les Voix de bemol & de becarre qui ſont regies par les Clefs avec les ſept premieres Lettres de l'Alphabet, on a inventé la Gamme ſuivante.

GAMME.

Lettres.	Voix de b mol.	Voix de ♮ quarre.
E	fi	mi
D	la	ré
C	fol	ut
B	fa	fi
A	mi	la
G	ré	fol
F	ut	fa

Clef

Clef

EXPLICATION.

Chaque Lettre a deux Voix, l'une par bemol, l'autre par becarre : comme l'on void dans la premiere colomne où font toutes les Voix de bemol, & dans la feconde où font toutes les Voix de becarre.

Sur la Regle où eft fituée la Clef de C fol ut, on dit fol par bemol & ut par becarre, fur toutes les Notes qui font fituées fur ce degré : & fur la Regle où eft fituée la Clef d'F ut fa, on dit ut par bemol & fa par becarre, fur toutes les Notes qui font fituées fur ce degré. C'eſt par là que l'on commence à compter fur tous les Degrez & Efpaces, foit en montant, foit en defcendant, felon l'ordre prefcrit, pour trouver & connoître les noms de toutes les Notes.

Par exemple vous voulez connoître les Notes de la ligne fuivante, comptez tous les degrez depuis la Clef, ainſi ;

F ut fa, E fi mi, D la ré, C fol ut, B fa fi, Amila.

Pour lors vous pouvez afleurer que cette premiere Note eft en A mi la, & que c'eſt un La, parce que le Chant eft par becarre.

En remontant confecutivement, la feconde Note eft en B fa fi, & c'eſt un Si par becarre. La troifiéme Note eft en C. fol ut, & c'eſt un Ut par becarre. La quatriéme Note eft en D la ré, & c'eſt un Ré. La cinquiéme Note eft un Mi en E fi mi. La fixiéme Note eft un Fa en F ut fa. La feptiéme Note eft un Sol en G ré fol. La huitiéme Note eft un La en A mi la.

Pour avoir plûtoft fait, il n'y a qu'à fuppofer & compter Fa fur la Clef d'F ut fa, parce que c'eſt par becarre; & de là fuppofer & compter fur les autres Degrez en defcendant confecutivement & par ordre ainſi qu'il fuit.

Vous eſtes aſſeuré que cette premiere Note du Chant eſt un La ; procedez tout de ſuite aux autres Notes en montant, en diſant, La ſi ut ré mi fa ſol la.

De meſme en montant, encore à la Clef d'F ut fa par becarre ;

Vous eſtes aſſeuré que cette premiere Note du Chant eſt un La, procedez tout de ſuite aux autres Notes en deſcendant, en diſant La ſol fa mi ré ut ſi la.

Pareillement en deſcendant de la Clef de C. ſol ut par becarre,

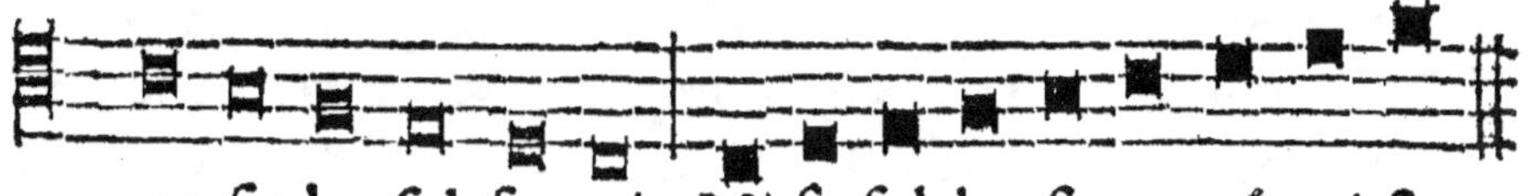

Vous voyez que cette premiere Note du Chant eſt un Mi ; de là procedez tout de ſuite aux autres Notes en remontant par ordre, en diſant Mi fa ſol la ſi ut ré mi fa.

De meſme en montant de la Clef de C ſol ut par becarre,

Vous voyez que cette premiere Note du Chant eſt un

Fa : de là procedez consecutivement aux autres Notes en descendant par ordre, en disant Fa mi ré ut si la sol fa mi.

Il est à propos de commencer ainsi d'apprendre le Chant par becarre, parce qu'il est plus aisé; puis on apprendra facilement le Chant par bemol. Mais auparavant que de chanter les Notes, il est temps de sçavoir ce que c'est que le Ton relatif, lequel n'est autre chose que le rapport, la comparaison, ou une certaine distance (par la Voix seule sensible) qu'il y a d'un Ton à un autre Ton prochain : de sorte qu'il ne faut qu'un son pour faire un Ton simple ; mais il faut deux Tons simples pour faire un Ton relatif. Cela supposé, vous observerez que de l'Ut au Ré, il y a un Ton relatif; de mesme du Ré au Mi, du Fa au Sol, du Sol au La, du La au Si : mais du Mi au Fa, & du Si à l'Ut, il n'y a qu'un Demi-ton relatif. Tout cela se doit entendre tant en montant qu'en descendant : c'est à dire qu'il y a pareille distance de monter de l'Ut au Ré, que de descendre du Ré à l'Ut; de monter du Ré au Mi, comme de descendre du Mi au Ré : mais en montant du Mi au Fa, ou du Si à l'Ut, il faut un peu feindre parce qu'il n'y a qu'une petite distance, laquelle est de mesme en descendant de l'Ut au Si, & du Fa au Mi.

Toutes ces observations bien entenduës, il est temps de chanter, & d'exprimer par la Voix les differens Tons, ce qu'on appelle Entonner les Notes, ou l'Intonation des Notes; & ce qui se doit faire premierement par Degrez conjoints. C'est icy qu'il est absolument necessaire de la Voix du Maître pour vous faire entendre & comprendre la diversité de ces Tons & de ces Demi-tons, que vous ne devez jamais estudier en particulier n'ayant point de Juge pour vous rectifier, & rendre juste ce que vous pourriez faire de faux. Chantez donc cent fois avec le Maître ces premiers Elemens qui contiennent les huit Notes de

l'Octave, tant en montant qu'en descendant, afin que les
Tons diferens de ces Notes s'infinuënt tellement dans
vôtre imagination que vous puissiez acquerir l'habitude
certaine & mesme naturelle de les chanter seul & sans
aide, avec toute la facilité & justesse possible.

Il est aisé de chanter ainsi les Notes par Degrez conjoints, mais il est dificile de les nommer & chanter par
Degrez disjoints, c'est à dire quand elles sont éloignées.

tant en montant qu'en defcendant ; & c'eft ce qu'on appelle les Intervalles : pour lefquelles apprendre à chanter jufte, on dit communément, Dites l'Intervalle ? Ce
terme, Dites , fignifie que vous devez dire premierement avec les deux Notes éloignées toutes celles qui
peuvent eftre fituées entr'elles, puis en retenant dans
voftre idée les Tons de ces deux Notes éloignées vous
les reprendrez feules pour les entonner jufte. Dire donc
l'Intervalle, c'eft dire toutes les Notes que l'Intervalle
contient ou peut contenir : Entonner l'Intervalle , c'eft
prendre tout d'un coup les deux Notes éloignées qui
feules font marquées dans le cours du Plein-Chant. Par
exemple fi vous rencontrez, ut mi, dites l'Intervalle ,
c'eft à dire, ut ré mi, Ut Mi. Si vous trouvez ut fa, dites
l'Intervalle, c'eft à dire , ut ré mi fa, Ut Fa : & ainfi des
autres. Or il y a dans tout le Plein-Chant cinq fortes d'Intervalles, fçavoir la Tierce, la Quarte, la Quinte, la Sexte
& l'Octave. On les reconnoift par la diftance des Degrez
qu'elles occupent ou contiennent. La Tierce en occupe
trois, ut mi, & le ré fuppofé entre deux : la Quarte en
occupe quatre, ut fa , & ré mi fuppofez entre les deux éloi-
gnez : la Quinte en contient cinq, ut fol, & ré mi fa fuppofez entre deux : la Sexte en contient fix, ut la, & ré mi
fa fol entre deux fuppofez : l'Octave en occupe huit, l'ut
en bas & l'ut en haut , avec ré mi fa fol la fi qui peuvent
eftre fituez entre les deux extrêmes. Voici les Exemples
de toutes façons pour Entonner les Intervalles, en montant & en defcendant , fuivant la diverfe fituation des
Clefs.

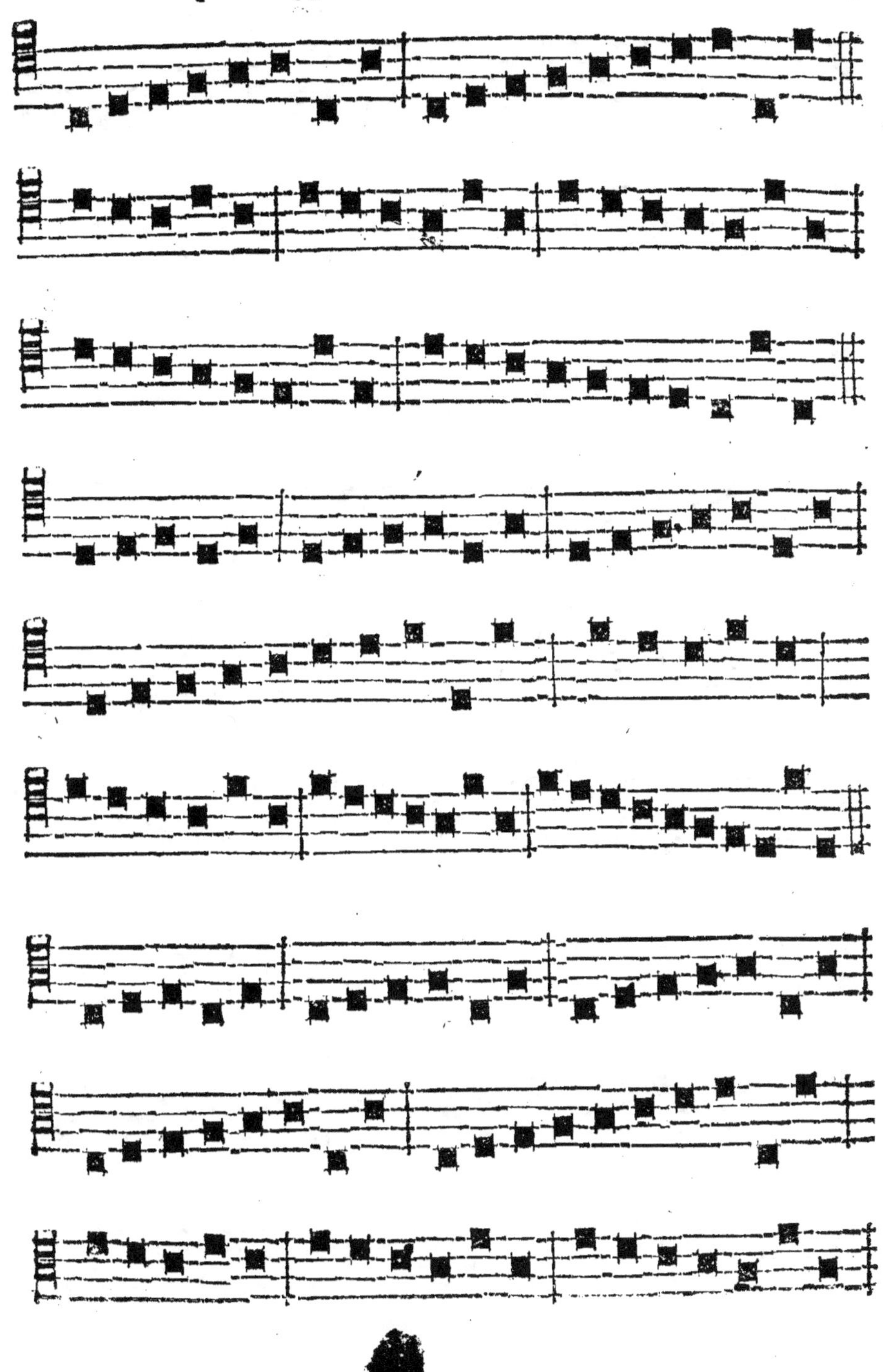

Aprés avoir chanté juſte & ſeurement toutes ces Intervalles, il faut les Entonner tout de ſuite, ſans ce qu'on
appelle dire l'Intervalle, ainſi qu'il ſuit.

Quand vous sçaurez les Notes du Chant par becarre,
celles du Chant par bemol ne vous seront pas dificiles;
car sans compter par la Gamme, il ne faut que remarquer le Signe du ♭ qui se pose toûjours sur le Degré de

B fa fi tout proche la Clef, qui pour lors eft regie du ♮ en difant fa fur ce Degré du ♮ & de là proceder aux autres Voix confecutivement & par ordre, tant en montant qu'en defcendant, ainfi qu'il fuit.

L'on ne void jamais la Clef d'F ut fa par bemol, ou c'eft tres-rarement.

Les Exemples des Intervalles du Chant par bemol font femblables à ceux du Chant par becarre, dont voicy l'abregé.

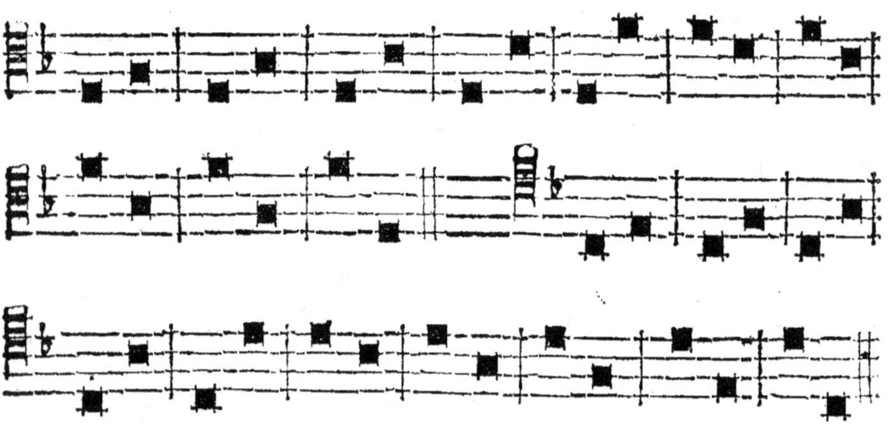

Remarquez que la Clef de C fol ut par becarre fe marque tantôt fur la premiere Regle, tantôt fur la feconde, tantôt sur la troisiéme : mais par bemol elle ne se met que tantôt sur la premiere Regle, tantôt sur la seconde. La Clef d'F ut fa ne se marque jamais que sur la seconde Regle, tres-rarement sur la premiere.

Quand vous aurez la connoissance asseurée des Noms, & l'habitude parfaite des Tons pour entonner juste les Notes, soit par Degrez conjoints, soit par Degrez disjoints qui sont les Intervalles en montant & en descendant; vous pourrez chanter & vous exercer dans les exemples suivans, où les Guidons marquez au bout de chaque ligne montrent la situation de la premiere Note en la ligne suivante.

Exemples du Chant par becarre.

Exemples du Chant par bemol.

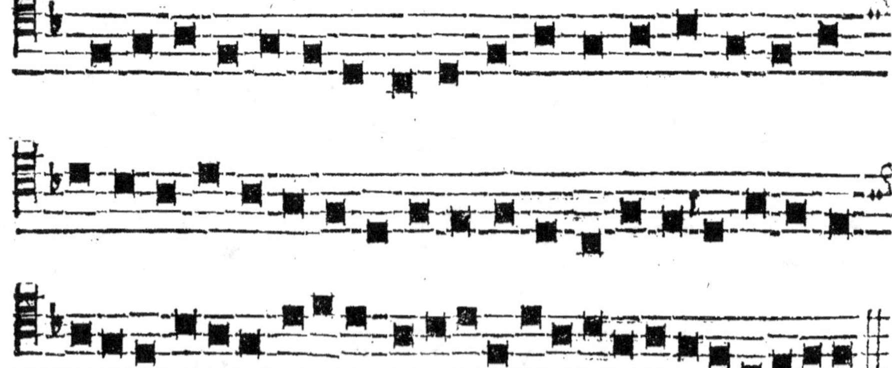

Quand aprés & non tout proche la Clef, ou au milieu
ou vers le milieu de la ligne, il y a un ♮ sur le Degré du
si, pour lors on change le premier si suivant en fa, lequel
est appellé fa feint, parce qu'en feignant un peu on l'ab-
baisse d'un Demi-ton, soit en montant soit en descendant. Et ainsi du la à ce fa feint il n'y a qu'un Demi-ton
relatif : & de ce fa feint à l'ut s'il faut monter, ou de l'ut
à ce fa feint s'il faut descendre, il y a un Ton relatif.
Or toutes les Notes qui se trouvent immédiatement aprés
ce fa feint sur le mesme Degré sont toutes des fa feints
en mesme Ton, comme si elles avoient chacune un ♮ lequel sert pour toutes immédiatement. Que si entre deux
ou plusieurs de ces Notes situées sur le mesme Degré du
fa feint, il se rencontre une Note sur un autre Degré,
cela n'empêche pas l'immédiation de toutes les Notes
situées sur le mesme Degré de ce fa feint : mais s'il s'en

B iij

rencontre plufieurs, mefme deux, cela rompt l'immédiation ; & les Notes fuivantes & fituées fur le Degré du
fi feront des fi & non des fa feints.

Exemples.

De mefme dans le Chant par bemol il fe rencontre
quelquefois, mais rarement, des fa feints fur le Degré
du fi en E fi mi.

Exemples.

Si aprés avoir commencé quelque ligne ou partie de Plein-Chant par becarre, on trouve une ou plusieurs lignes dont la Clef ait tout proche le Signe du ♭ c'eſt une marque pour faire changer tout le Chant de becarre en bemol : & en ce cas il faut mettre ou ſuppoſer ſur l'ut de la Clef de C ſol ut, en meſme Ton ou à l'uniſſon, le ſol de la meſme Clef de C ſol ut ; & toutes les autres Notes à proportion ſuivant la premiere. Mais ſi l'on doit changer le Chant de bemol en becarre, pour lors on met la Clef ſans ♭ meſme au milieu d'une ligne : ce qui peut arriver auſſi quelquefois pour changer de becarre en bemol, en mettant meſme au milieu d'une ligne la Clef avec ſon ♭

B iiij

Exemples.

Changement de ♮ en ♭ en mettant ce mi par ♭ à l'unisson du la par ♮
Changement de ♭ en ♮ en mettant ce la par ♮ à l'unisson du mi par ♭
Changement de ♮ en ♭

Changement de ♮ *en* ♯.

Outre tous ces Exemples on doit s'exercer long-temps sur la Note seulement dans les Livres de Plein-Chant, en commençant par l'Antiphonaire parce qu'il est plus aisé que le Graduel. Et quand on sçaura parfaitement solfier & entonner les Notes, pour lors on fera l'application des paroles avec le secours du Maistre, dans les Livres bien reglez, où vous observerez qu'il y a deux sortes de Notes dans tout le Plein-Chant, ny plus, ny moins, sçavoir les longues faites en quarré comme celles des Exemples cy-dessus, & les breves dont les caracteres sont en lozange pour les syllabes qui sont absolument breves : c'est pourquoy il faut les passer plus vîte ne valant que la demie mesure des autres. Mais il y a des Chants simples que l'on appelle syllabiques, parce qu'ils n'ont qu'une Note sur chaque syllabe, telles que sont plusieurs Antiennes de Feries & de Matines des Festes & des Communs : & d'autres plus figurez, particulierement des Répons, lesquels ont plusieurs Notes sur chaque syllabe, & cette syllabe au moins la voyelle se prononce en commençant la premiere Note, & se tire en chantant les autres Notes approchées que l'on appelle liées sur une mesme syllabe ; ce qui se comprendra facilement dans la suite & l'exercice. Quant aux barres, grandes & petites, ‡ elles sont instituées pour prendre haleine & se reposer tous ensemble : c'est pourquoy dans

les Livres bien reglez on en met à toutes les virgules
& aux sens des paroles; & quand le sens des paroles est
trop long, on en met encore à quelques sens de la Mo-
dulation du Chant, ce qui n'appartient qu'aux Expers
& Compositeurs, & aux autres de les pratiquer exacte-
ment. Les Livres qui ne sont remplis que de barres à
tous les mots confusément, sont aussi dépravez & cor-
rompus que ceux qui n'en ont point du tout, parce que
l'on ne sçait où se reposer; & les uns prenant haleine à
un endroit, & les autres à un autre, cela cause des
contre-tems & discors insupportables. De dire aussi que
les Notes de chaque mot doivent estre barrées & distin-
guées, c'est une erreur aussi ridicule que de dire que les
mots doivent estre barrez dans la suite des paroles, comme si chaque mot n'estoit pas assez distingué de soy-
mesme. Enfin choisissez d'abord quelques Pieces faciles
dans les Livres pour apprendre régulierement à joindre
les paroles aux Notes, puis vous prendrez l'effort dans
toutes sortes d'endroits à Livre ouvert.

EXEMPLES
DE QUELQUES ANTIENNES
ET RESPONS.

Antiennes.

ANtequam conveni- rent , inventa est Mari- a
habens in u- tero de Spiritu San-cto, alle- luia.
HOc est testimo- nium, quod per hi- buit Jo-
an- nes: qui post me ve- nit an- te me fa-ctus est.
CAnite tu- ba in Si- on, quia pro-
pe est dies Do- mini : Ecce ve- niet
ad salvandum nos , allelu- ia , alle- luia.
VOs a- mici mei e- stis si fece- ritis
quæ præcipio vobis , dicit Dominus.

Euge serve bone & fide- lis,
qui- a in pauca fuisti fi- de-
lis, supra multa te constituam, dicit Dominus.
ECce in nu-bibus cæli Do- minus ve- niet
cum potestate ma-gna, alle- luia.
LEvabit Do-minus signum in natio- nibus,
& congrega- bit dif- persos Israël.
MAjorem charitatem nemo ha- bet, ut animam su- am po- nat quis pro ami- cis suis.

O Doctor op- time, Eccle- siæ san-ctæ
lumen, Bea- te Grego-ri divinæ le-
gis a- mator, de- precare pro nobis Fi- lium De- i.
QUi se- quitur me non ambulat in te- nebris, sed
habebit lumen vitæ, dicit Dominus.
QUi o- dit a- nimam su- am in hoc mundo, in
vitam æ- ternam cuſ- todit eam.
ECce ve- niet Pro-pheta magnus, & ip-ſe re-

nova- bit Jerusalem, alle- luia.
ECce veniet Do- minus, princeps regum terræ:
bea- ti qui parati sunt oc- cur- rere illi.
QUi post me ve- niet, ante me factus est: cujus
non sum di- gnus calceamenta solvere.
MOntes & om-nes col-les hu- milia- bun-tur:
& erunt prava in directa, & af- pera
in vias planas: veni Do- mine, & noli
tardare, al- leluia.

ECce jam ve- nit plenitudo tem-poris, in quo
mifit De- us fi- lium fuum in terris.
GAudent in cæ- lis animæ San-cto- rum,
qui Chri-fti ve- fti- gia funt fe- cuti,
& quia pro e- jus amo- re fanguinem
fu-- um fu- derunt: i- deo cum Chri-fto
exul- tant fine fine.
O quam glorio- fum eft regnum! in quo
cum Chri-fto gaudent omnes fancti a- micti fto-

lis al- bis, se- quuntur A- gnum quo-cumque
ierit.
ECce sacerdos magnus qui in die- bus suis
placuit De- o, & inventus est justus.
DE cælo ve- niet dominator Dominus, & in
manu e- jus honor & im- perium.
CAntate Do- mino can- ticum novum:laus ejus
ab ex- tre-mis terræ.
VEni Do- mine visitare nos in pace, ut læ-

C

temur coram te cor- de perfecto.
IN il- la die ftillabunt montes dulce- dinem,
& colles fluent lac & mel, al- le- luia.
SPi- ritus San-ctus in te defcendet Mari- a : Ne
ti- meas, habebis in u- tero fi- lium
Dei, al- le- luia.
I- deo ju- re- ju- rando fecit illum Do-
minus crefcere in ple-bem fuam.
CUm ve- nerit fi- lius ho- minis, putas in-

ve- niet fidem super terram ?

STa-bunt ju- sti in ma-gna constan-tia adverfus

e- o,s qui fe anguftiaverunt , al-le luia.

HO- die be-a- ta Virgo Ma ria pu- e-

rum Je- fum præfen-ta- vit in templo, &

Si- meon re- pletus Spi- ritu Sancto ac-

ce- pit e- um in ul- nas fuas, & be-

ne- di- xit De- um in æternum.

RESPONS.

Germinave-runt campi e- re-
mi, germen o- do- ris If- raël:
quia ec- ce Deus no- fter cum virtu-
te ve- niet. * Et fplen-dor e-
jus cum e- o. ℣. Ex Sion fpe-
cies de- co- ris e- jus: De- us no-fter mani-
fe- ftè ve- niet * Et fplen- dor.
℣. Gloria Pa-tri, & Fi- lio, & Spiri-

tui san- cto. * Et splen-dor.
F Esti- na, ne tar-da- veris
Do- mine. * Et li- bera po-
pulum tu- um. ℣. VE- ni Do-mine,
& no-li tar-da- re, rela- xa facinora
plebi tu- æ. * Et.
M E oportet mi- nui,
il-lum au- tem cres- cere : qui
autem post me ve- nit, ante me factus

eſt. * Cu-jus non ſum di- gnus cor-
ri- giam cal-cea- men-to- rum ſol-
vere. ℣. E- Go baptiza- vi vos a-
qua, il- le- autem baptizabit vos Spiritu San- cto. * Cu-jus. ℣. Glo- ria
Pa- tri, & Fi- lio, & Spiri- tu-
i San- cto. * Cu- jus.
℟. V Idi con-jun-ctos vi- ros
haben- tes ſplen- didas ve- ſtes,

& An- gelus Do- mini lo-cu-
tus eft ad me di- cens. * Ifti funt
viri fan- &ti facti a- mi-ci
De- i. ℣. Vidi An-gelum Dei
fortem volan-tem per me- dium cæ- li, voce magna clamantem, & di- cen- tem.
* Ifti funt.
Ecce jam ve- nit ple-
nitu- do tem- poris, in quo mifit

C iiij

Deus filium fu- um in ter-
ris, natum de Vir- gine, factum fub le-
ge: * Ut eos qui fub le- ge erant,
re- di- meret. ℣ PRopter
nimiam charitatem fu- am, qua dile- xit nos
De- us, filium fuum mifit in fimilitu-
dinem car-nis pec- ca- ti. * Ut eos.
℟. MOdo veniet do- mina tor
Do- minus. * Et nomen ejus

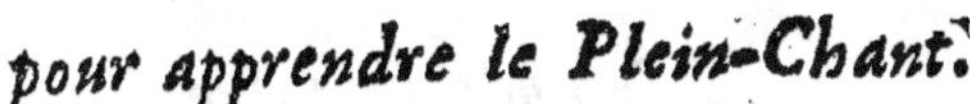
Emmanuel vo- ca- bitur. ℣. ORi-
e- tur in die bus e- jus ju-
sti- tia, & abundan- tia pa-
cis. * Et nomen. ℣. Glo- ria
Pa- tri, & Fi- lio, & Spiri- tui
San- cto. * Et nomen.
Eni Do- mine, & noli tardare: rela- xa faci- nora ple- bi
tu- æ. * Et revoca disper- sos

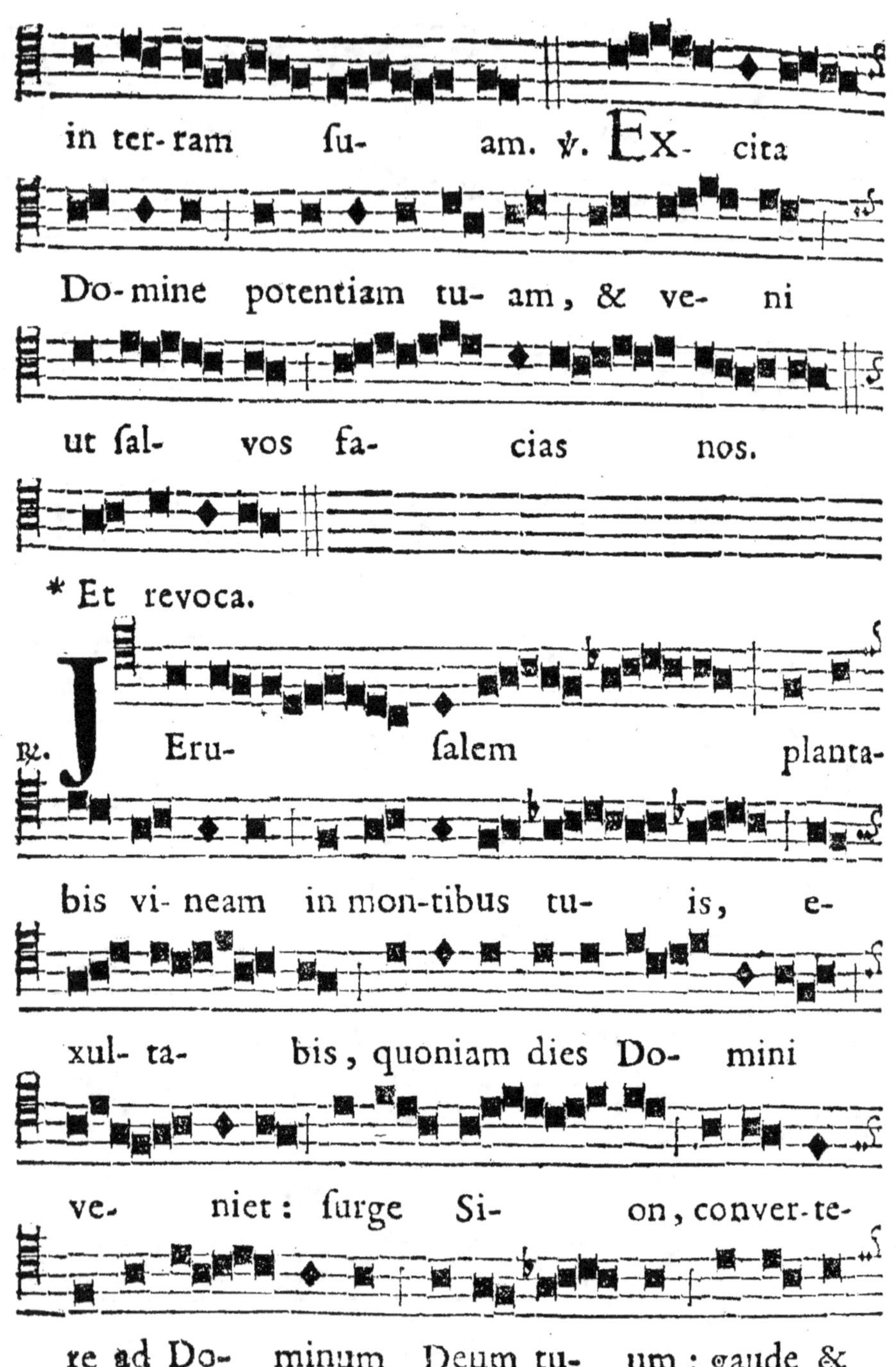
in ter-ram fu- am. ℣. Ex- cita
Do-mine potentiam tu- am, & ve- ni
ut fal- vos fa- cias nos.
* Et revoca.
℞. J Eru- falem planta-
bis vi- neam in mon-tibus tu- is, e-
xul- ta- bis, quoniam dies Do- mini
ve- niet: furge Si- on, conver-te-
re ad Do- minum Deum tu- um : gaude &

læta- re Ja- cob. *Quia de me- dio
gen- tium Salva- tor tu- us
ve- niet. ℣. E- Xul- ta
fa- tis fi- lia Si- on, ju- bila fili-
a Je- ru- salem. * Quia.
℣. Glo- ria Pa- tri, & Fi- lio,
& Spiri- tui San- cto.
* Quia.
℟. E C- ce appare- bit

Do- minus super nubem can- di-
dam. *Et cum e- o Sanctorum mil- li-
a : & habe- bit in vestimen- to , &
in femore suo scrip- tum : Rex
re- gum , & Do- minus do- mi-
nan- tium. ℣. APparebit in fi- nem,
& non mentie- tur si mo ram fe- cerit,
expecta e- um, quia ve- niens veniet. * Et

R.
D Oce- bit nos Do- minus vias . su- as, & am- bula-
bimus in fe- mitis e- jus.
* Quia de Sion exi- bit lex, &
ver-bum Do- mini de Je- ru- fa-
lem. V. V Eni- te, afcenda- mus ad mon-tem
Do- mini, & ad domum Dei, Ja-
cob. * Quia. Glo- ria Pa-tri & Fi- lio,
& Spiri- tui San- cto. * Quia.

Eth-leem ci- vitas Dei fum-
mi, ex te e- xiet domina- tor Ifraël, & e- greffus ejus
ficut à prin-cipio die-
rum æternita- tis, & magni- fi-
ca- bitur in me- dio
u- niver- fæ ter- ræ. *Et pax e- rit
in ter- ra no- ftra, dum ve-
nerit. ℣. LOque- tur pa-

cem in gen- tibus & pote- ftas ejus
à ma-rius que ad ma- re.
* Et pax. ℣. Glo- ria Pa- tri, & Filio, & Spiri- tui fan-
&co. * Et pax.

F I N.

EXTRAIT DU PRIVILEGE
du Roy.

PAR Grace & Privilege du Roy donné à Paris le 30. Avril 1697. Signé, MORET: Scellé, & Regiſtré ſur le Livre de la Communauté des Imprimeurs & Libraires de Paris, le 4. May 1697. Signé, P. Aubouïn Syndic: Il eſt permis à Chriſtophe Ballard ſeul Imprimeur du Roy pour la Muſique, d'imprimer, vendre & debiter tous les Livres du Plein-Chant de l'Egliſe, veus par le Sieur Nivers Organiſte de la Chapelle du Roy. Et défences ſont faites à tous autres de les imprimer, à peine de quatre mille livres d'amende, comme il eſt plus amplement porté en l'Original dudit Privilege, aux Copies duquel ou Extrait, mis au commencement ou à la fin deſdits Livres, Sa Majeſté veut qu'elles ſoient tenuës pour bien & deuëment Signifiées.

FORMULÆ CANTUS
ORDINARII
OFFICII DIVINI.

Ad Missam, Orationum Formula.

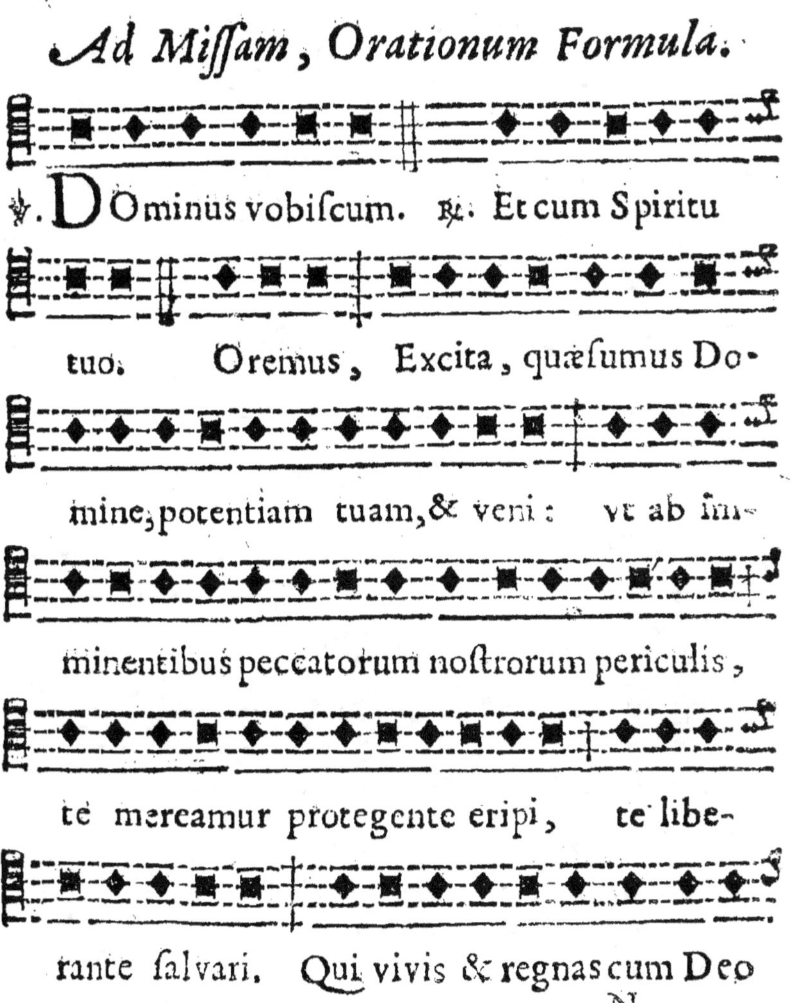

N

Quando dicendum est Flectamus genua, *tunc* Oremus, *sic cantatur,*

Sic totum directè praeter finem Per omnia, *ut suprà.*

Formula Prophetiarum.

Et sic semper ad punctum.
Si vero penultima dictionis sit
brevis, deprimitur cum ultimâ,
hoc modo,   ad praelium.

Ad Virgulam, punctum cum virgulâ; & duo puncta: nulla fit inflectio vocis, sed totum directè canitur.

Si punctum fit frequentius, breviorque periodus; tunc directè cantatur, sumendo aliquod punctum ut duo puncta.

In dictionibus Hæbraïcis, Græcis, & hujusmodi alijs indeclinabilibus; in sanctissimo nomine Jesu per omnes casus; in vocabulo Amen; ac in omnibus monosyllabis; sequente puncto simpliciter. vel in quacunque dictione, sequente puncto interrogante? vel admirativo! sic decet cantare,

Si punctum interrogans fit frequentius, aliquod sumitur ut virgula directè cantando.

Finis autem Prophetiarum sic modulatur,

Ita ut quatuor ad hanc finis Modulationem sufficiant ultimæ syllabæ. Si vero dictionis terminantis penultima fit brevis, quinque tunc ad finalem Modulationem requiruntur syllabæ. Exempli gratiâ.

Epistolæ Formula.

mei, hære- ditas illius: Et in plenitu-

dine sancto- rum detentio mea.

Ex his patet Elevationem vocis regulariter faciendam ad punctum. Cujus defectu ad duo puncta: quando sunt frequentiora, ne duæ consequenter fiant Inflectiones: ut videre est in Exemplo allato, hæreditas illius; Inflectionem vero faciendam regulariter ad duo puncta: vel ad punctum cum virgula; quorum defectu ad virgulam simpliciter, Sed quot syllabæ sequi debeant Elevationem, vel inflectionem, non est levis difficultas.

Inflectionem sequi debent ut plurimum quatuor syllabæ: sed hæc regula nullatenus observanda si aliquis ex sequentibus occurrat casus, tunc enim plures aut pauciores admittendæ.

Disyllabæ, vel polisyllabæ dictionis, nunquam decenter in primâ nec in ullâ fit Inflectio præter ultimam syllabam. Vnde sequentes Regulæ.

Nulla unquam syllaba dictionis terminantis inflectitur: sed Inflectio reycitur in dictionem præcedentem. Ideo rite cantatur,

Beatus vir qui suffert tentationem:

in populo honorificato:

Similiter Inflectio reijcitur in præcedentem, ut patet his Exemplis,

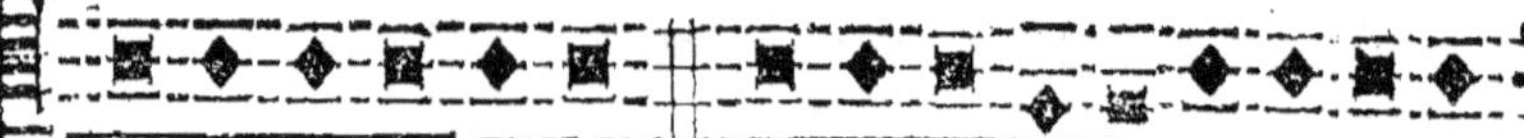

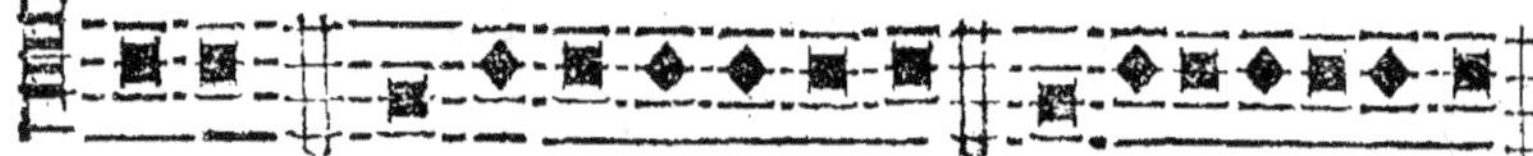

Inflectitur nomen Jeſu, modo tres ſuperſint ſyllabæ,

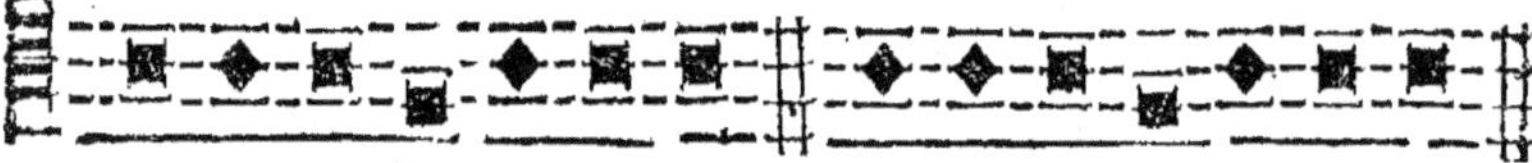

Similiter inflectitur ultima dictionis quatuor vel amplius ſyllabarum, modo tres poſt Inflectionem ſuperſint ſyllabæ.

Imo duæ ſufficiunt, ſi dictio præcedat quinque vel amplius ſyllabarum,

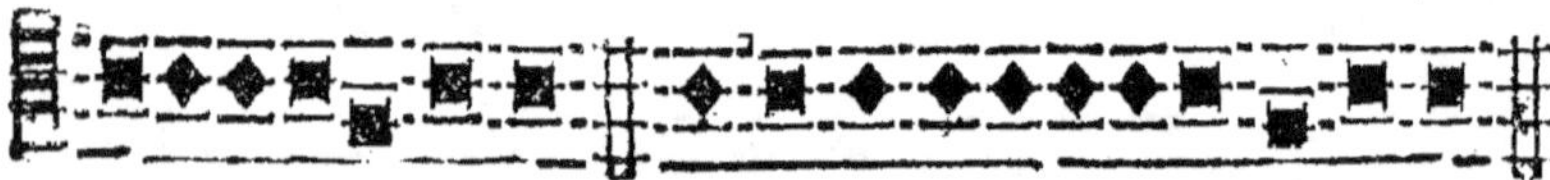

Vel etiam duæ syllabæ suf-
ficiunt post Inflectionem,
si brevior sit sensus:

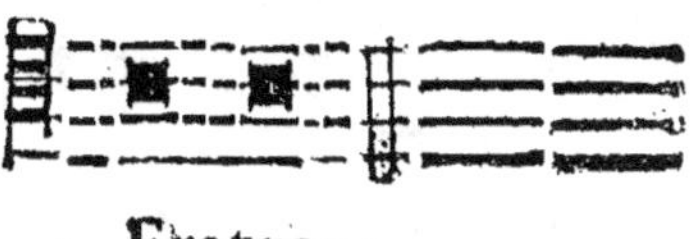

Imo nulla fit unius di-
ctionis Inflectio:

Si penultima dictionis
quæ recipit Inflectionem
sit brevis, deprimitur si-
mul cum sequenti,

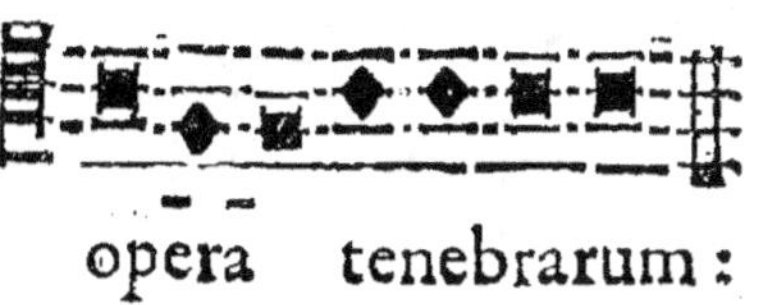

Nunquam duæ consequenter fiunt Inflectiones,
sed Elevatur, vel sæpius directè cantatur ubi fre-
quentiora sunt duo puncta: ut patet ex Epistola
supra scripta, & ante sæcula creata sum:

Elevationi tres ut plurimum subesse debent syl-
labæ. Sed hæc Regula minime servanda positis se-
quentibus. Tunc enim plures aut pauciores subesse
valent.

Disyllabæ, vel polisyllabæ dictionis, ultima syl-
laba nunquam attollitur, nec ulla brevis, sed præ-
cedens elevatur, & ipsa deprimitur ultima, vel
brevis. Ideo rectè canitur,

Dictio quatuor syllabarum terminans, cujus pe-
nultima brevis, nunquam attollitur, sed monosyl-

laba si præcedat ; alioquin, penultima dictionis præcedentis, modo sit longa ; sin minus, antepenultima. Vt patet ex sequentibus Exemplis,

Si brevior sit periodus, duæ post Elevationem sufficiunt syllabæ, imo vel nulla sit Elevatio.

Duæ raro consequenter fiunt Elevationes, præsertim si periodus minime sit longa. Tunc enim rectâ voce sumitur punctum ut virgula, vel ut duo puncta sit Inflectio: Exempla collige.

Ex

Ex tribu Juda: duodecim mil-lia   signati.

Ex tribu Ruben: duodecim millia   signati.

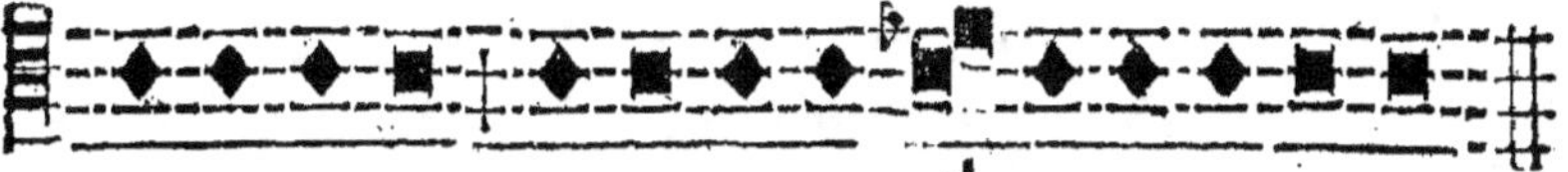

Ex tribu Gad: duodecim mil-lia   signati.

Et sic alternatim Elevatur & Inflectitur. Quod fit ex arbitrio & prudentiâ, sicut & in cæteris qui possunt occurrere casibus.

Vt autem hæc omnia faciliùs observentur, certi charatteres ad Inflectionem, Elevationem, punctualem, finalemque modulationem differentes ac proprij, excudentur in alterâ Missalis editione.

Charatteres hi proprij sunt quatuor, sic notati,   –   ⌐   ⌣   ſ

–   Inflectio Epistolæ, & Evangelij, ad Tertiam.
⌐   Elevatio Epistolæ, ad Tertiam.
⌣   Modulatio punctualis Evangelij.
ſ   Modulatio finalis Epistolæ ac Evangelij.

Figura – designat Inflectionem syllabæ supra quam est hæc figura posita.

Figura ⌐ notat Elevationem syllabæ supra quam est notata.

Figura ⌣ designat Modulationem Evangelicam syllabæ supra quam ponitur ipsa figura.

Denique figura ſ notat Modulationem finalem syllabæ supra quam est hæc figura posita.

Exempla collige ex supradictis & sequentibus.

O

*In dictionibus Hebraïcis, Græcis, alijsque hujuf-
modi indeclinabilibus, in sanctiffimo nomine Jefu
per omnes casus, in vocabulo Amen, ac in omnibus
monofyllabis, ad punctum simpliciter; vel in quâcunque dictione ad punctum interrogans & admirativum; eadem Regula servatur quæ supra in Pro-
phetijs, ac in Evangelio infra.*

*Finis autem Epiftolæ, circa medium ultimæ pe-
riodi, modulatur perinde ac Evangelij, cujus ibidem habentur Exempla.*

Evangelij Formula.

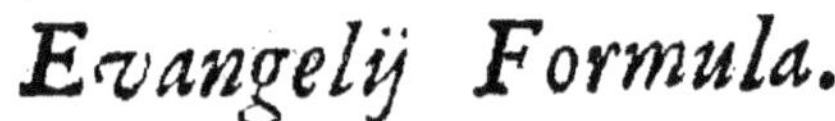

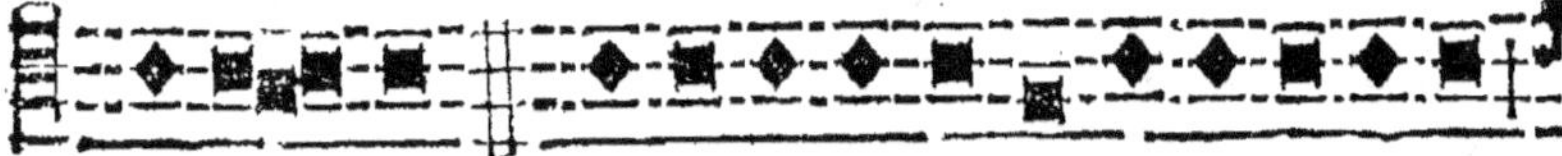

extollens vocem quædam mulier de turba

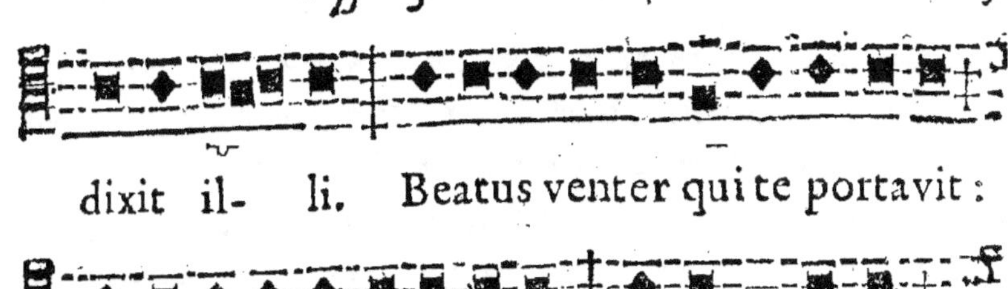

dixit il- li.   Beatus venter qui te portavit:

& ubera quæ suxi- sti. At ille   dixit.

Quinimmo beati   qui audiunt   verbum

Dé- i;   & custodiunt illud.

Inflectio fit ad duo puncta: vel ad punctum cum virgulâ; quorum defectu ad virgulam simpliciter, perinde ac in Epistolâ. Cujus observationes ibidem colligendæ.

Modulatio verò ad punctum fit regulariter in penultimâ dictionis terminantis ad omne punctum simpliciter.

Si penultima dictionis terminantis sit brevis, modulatio fit in antepenultimâ,

Unum est necessa- rium.

Si punctum sit frequentius, vel brevior periodus, directè cantatur, vel inflectitur sumendo aliquod punctum ut duo puncta: quod observandum in formulâ prædictâ, At ille dixit. Vel etiam in sequentibus Exemplis, ubi punctum interrogans & punctum admirativum in quâcunque dictione, at praeterea punctum simpliciter in dictionibus Hæbraïcis, Græcis, & hujusmodi alijs indeclinabilibus, in sanctissimo nomine Jesu per omnes casus, ac in omnibus monosyllabis, pariter ac in Epistola, decenter hoc modo terminantur,

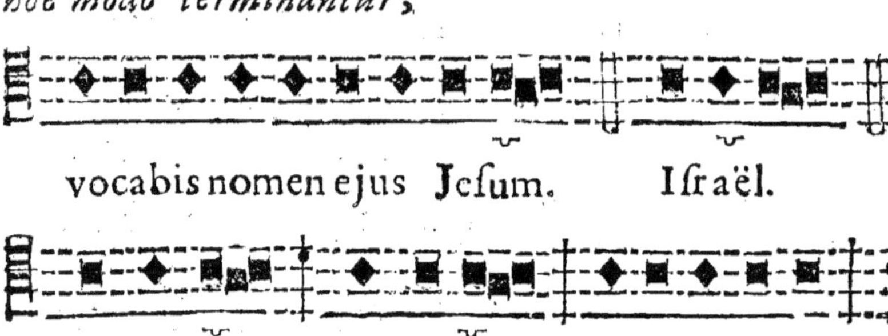

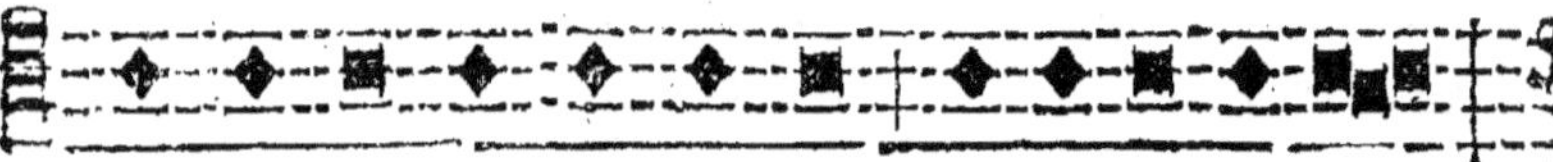

Quid dicis de teipso?   A-   it.

Et sic alternatim Inflectio cum Modulatione punctuali, si breviores sint periodi.

Finis autem Evangelij semper est eadem ac Epistolæ, circa medium ultimæ periodi. Si brevis quædam occurrat, Exempla recole,

Reliqua periodi trahuntur in directum.

Vnica sufficit Intonatio Symboli, etsi variæ sint ipsius modulationes.

Præfationes, & cætera quæ spectant ad Celebrantem, annotantur in Missali. Sed hic error devitandus,

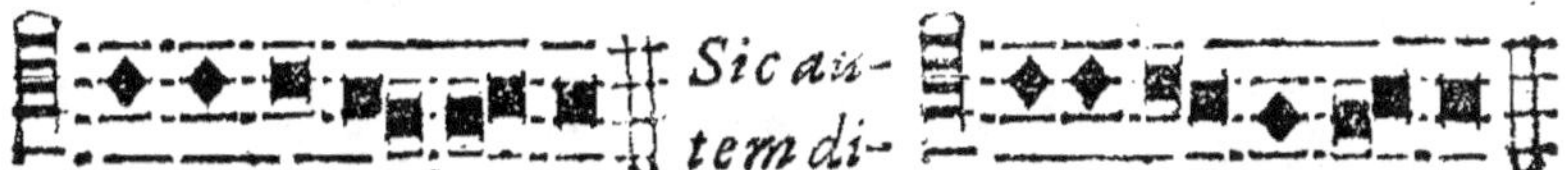

In Quadragesima sic in fine Missæ cantatur,

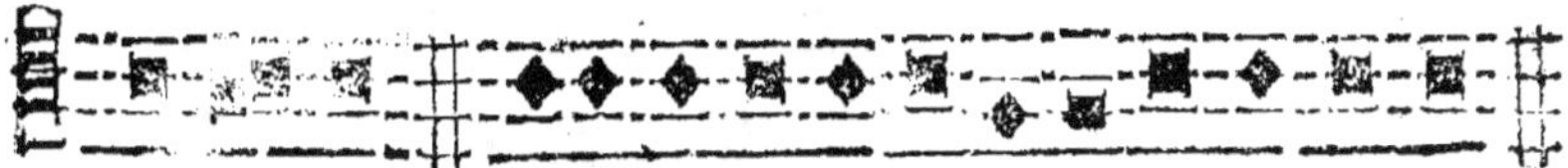

Ad Matutinum in primis cantatur,

Ad Completorium præmittitur,

℣. Converte nos Deus salutaris noster.

℞. Et averte iram tuam à nobis.

Ad omnes Horas universaliter Officij Divini,

℣. Deus in adjuto- rium meum intende.

℞. Domine ad adjuvandum me festina. Glori-

a Patri & Filio, & Spiritui sancto:

Sicut erat in principio & nunc & semper,

& in sæcula sæculorum, amen. Alle- luya.

Vel in Septuag. Laus tibi Domine, Rex æter-næ gloriæ.

De Benedictionibus, Absolutionibus, & Capitulis.

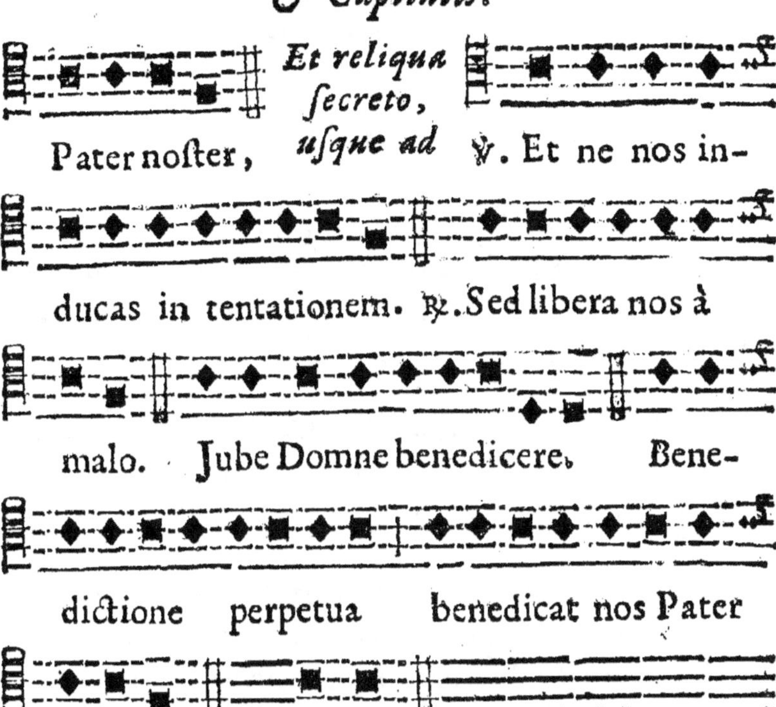

Sic terminantur Abso-
lutiones. Si vero penulti-
ma dictionis terminantis
sit brevis, deprimitur
cum ultimâ,

Sic etiam terminantur Capitula. Sed in dictioni-
bus Habraïcis, Græcis, & hujusmodi alijs inde-
clinabilibus; in sanctissimo nomine Jesu per omnes
casus; in vocabulo Amen; ac in omnibus monosyl-
labis; ad punctum simpliciter. vel in quacunque di-
ctione ad punctum interrogans ? vel admirativum !
rite servatur in fine Capituli Prophetiarum Regula.

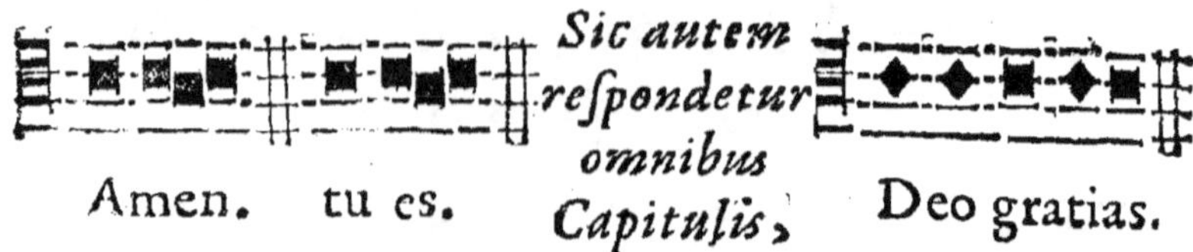

De Lectionibus.

Omnes omninò quæ supra de Cantu Prophetiarum servandæ sunt Regulæ de Lectionibus canendis, exceptâ Conclusione quæ communi & punctuali Regulæ subijcitur,

Eadem vero Prophetiarum Conclusio servatur etiam ad Lectiones Officij Defunctorum, necnon ad Lectiones in triduo majoris hebdomadæ secundi & tertij Nocturni.

De Versiculis.

Ad Nocturnos; ad Laudes & Vesperas post hymnos, cantantur omnes Versiculi & Responsiones, sub hac formulâ,

Verùm ad omnes Commemorationes; ad Horas post Responsoria brevia; necnon ad Antiphonas B. Mariæ post Completorium; sic omnes Versiculi terminantur cum suis Responsionibus,

℣.

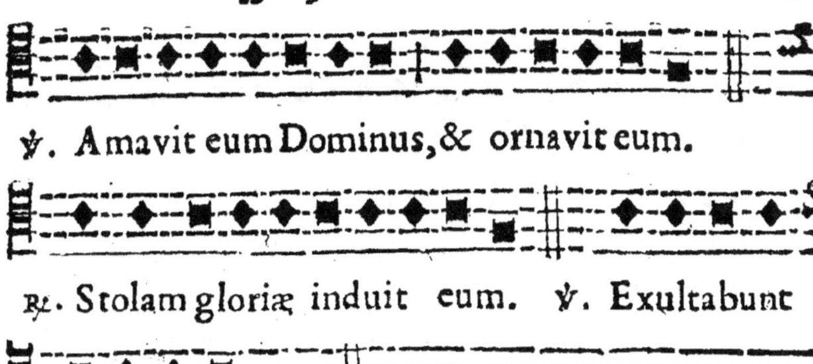

℣. Amavit eum Dominus, & ornavit eum.

℞. Stolam gloriæ induit eum. ℣. Exultabunt

sancti in gloria. .

Dictiones monosyllabæ sic terminantur, vel etiam hæbraïcæ,

℣. Exurge Chrifte adjuva nos. Deus manda-

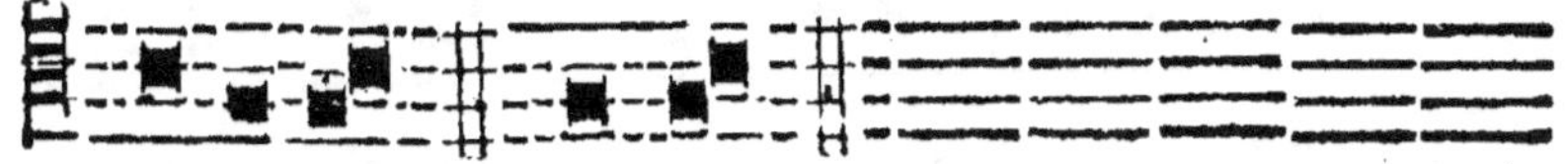

vit de te. Amen.

Et respondetur communiter ut supra, (nisi sit monosyllaba, vel hæbraïca.)

℞. Et libera nos propter nomen tuum.

De Precibus, & Orationibus.

Kyrie eleyson, *& Preces quæ dicuntur in fine Officij, voce directâ cantantur, ad Quintam inferiorem Dominantis Antiphonæ seu Versiculi præcedentis,*

Kyrie eleyſon, Chriſte eleyſon, Kyrie eleyſon.

Sed extollitur ad Notam Dominantem. ℣. Do-
mine exaudi, *& terminatur communiter ut Verſi-
culi Commemorationum.* Dominus vobiſcum, *&
Orationes, ut ſupra ad Miſſam: totum directè
præter finem,*

Per omnia ſæcula ſæculorum. *Vel,* Per

Chriſtum Dominum noſtrum. Qui vivis & re-

gnas in ſæcula ſæculorum. ℞. Amen.

Cum autem eſt facienda Commemoratio, ipſam
quæ præcedit Oratio ſic terminatur,

nos abſolve peccatis. frequentemus obſequijs.

Ad Laudes & Veſperas feriales, Pater noſter,
*totum ad Dominantem directè canitur, præter
finem,*

Et ne nos inducas in tentationem. ℞. Sed li-

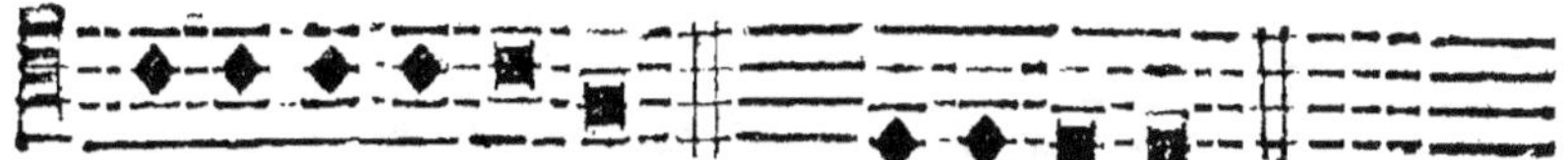

bera nos à malo. ℣. Ego dixi, &c.

Psalmi De profundis, *&* Miserere, *dicuntur etiam directè sub eodem Tono inferiori. Sed extollitur in Dominantem.* ℣. Exurge Christe, &c. *terminaturque ut supra.*

Ad Primam legitur Martyrologium ad formam Lectionum. Deinde canuntur ut Versiculi Commemorationum, ℣ ℣. Pretiosa. Deus in adjutorium. Gloria Patri. Kyrie *vero, ac reliqui Versiculi sub eodem Tono inferiori. Oratio, Benedictio, & Lectio, ad prædictas formas. Posteà* ℣. Adjutorium, *ut Versiculi Comm. Sic tandem finitur,*

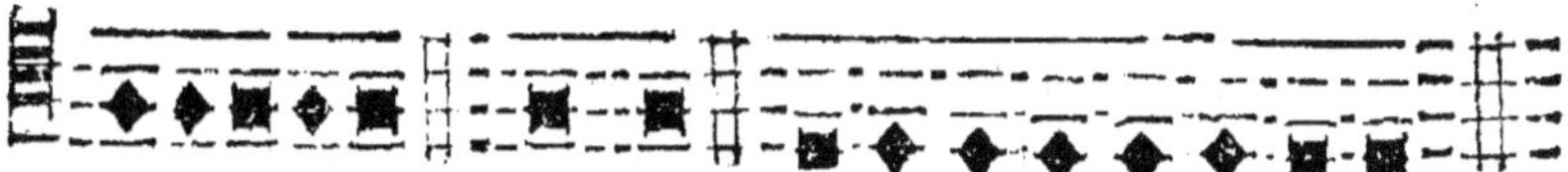

℣. Benedicite. ℟. Deus. Dominus nos benedicat, &c.

Ad Tertiam, Sextam, & Nonam, extollitur ut supra ℣. Exurge Christe, &c. *Et ad Completorium eodem modo cantatur* ℣. Adjutorium nostrum, &c.

Benedicamus Domino,

Secundum Regulas Antiphonarij canitur ad Laudes & Vesperas, ut ibidem notatur. Ad cæteras autem Horas, ut hîc sequitur,

Benedicamus Domino. Deo gratias.

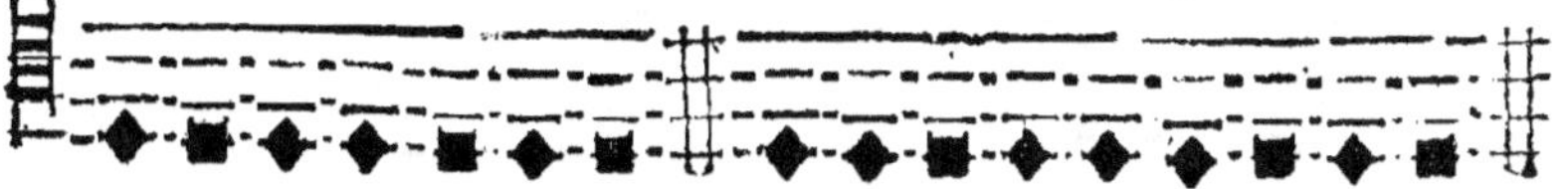

Fidelium animæ. Benedicat & custodiat.

Dominus det nobis.   Divinum auxilium, &c.

Totum directè.

In Officio Defunctorum.

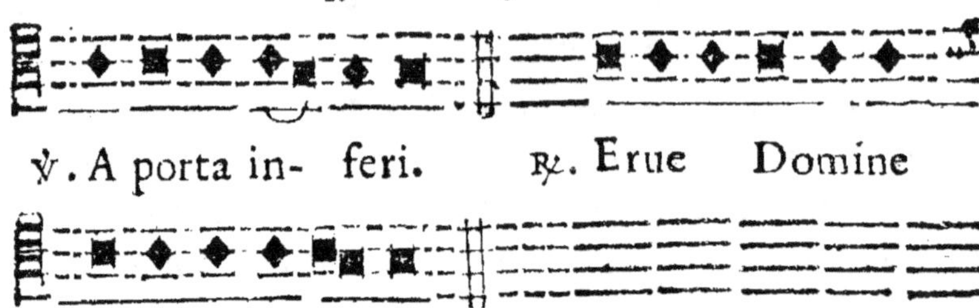

℣. A porta in- feri.   ℟. Erue   Domine

animas eo- rum.

Sequuntur hanc formulam Versiculi Nocturno-
rum, & ℣. Audivi vocem, ad Vesperas & Lau-
des. At ℣. Et ne nos inducas, cæterique Versiculi
canuntur ut supra ad Commemorationes: directè
ad Dominantem, Psalmi De profundis; Lauda
anima mea Dominum; Dominus vobiscum; &
Orationes præter finem,

Per omnia sæcula sæculorum.   *Vel,* Per

Christum Dominum nostrum.   Amen.

Requiescant in pace.   Amen.

Eodem modo quo supra in Officio Defunctorum,
cantantur omnes Versiculi in Triduo ante Pascha.

TRACTATUS
De Modis canendi Psalmos & Cantica, secundum octo Cantûs Gregoriani Tonos.

AD certas de Canticis & Psalmis cantandis Regulas instituendas, duo sunt distinguenda. Primum scilicet est Tractus Notarum in eodem Tono; secundum autem est Variatio Cantûs in Intonationibus, Mediationibus, & Terminationibus Tonorum. Tractus quidem Notarum reperitur in omnibus Tonis, scilicet ab Intonatione ad Mediationem, & à Mediatione ad Terminationem: Cantûs autem Variatio differt in singulis Tonis. Hoc posito attendendum quæ syllabæ debeant esse longæ, quæ breves.

De Tractu Notarum.

1. Quælibet dictio monosyllaba vulgò fit brevis in Tractu Notarum; nisi sit ipsius Tractûs ultima Nota, quæ tunc fit longa. Exempla reperies in Tabulâ Tonorum infra, numeris 2. 15. 21. 24. 25. 27. 28. 29.

2. Disyllabæ dictionis utraque syllaba fit brevis: si verò prior syllaba fit positione longa, vel fit ultima Tractûs Nota, fit longa. Exemp. 6. 7. 9. 11. 25. 26.

3. Polisyllabæ dictionis penultima longa remanet longa, cæteræ fiunt breves: si vero penultima fit brevis, antepenultima fit longa, cæteræ breves.

Ex. 1. 6. 7. 9. 10. 11. 24. 25. 27.

(Quod pariter vel circiter obfervandum in Lectionibus, Capitulis, Verficulis, Orationibus, ac per omne quod trahitur in directum.)

De Variatione Cantûs.

1. Quælibet dictio monofyllaba in Variatione Cantûs vulgo fit longa. Ex. 18. 19. 20. 24.

2. Difyllabæ dictionis utraque fyllaba fit longa. Ex. 1. 2. 3. 18.

3. Polifyllabæ dictionis penultima longa remanet longa, cæteræ prout quantitas requirit: fed ultima fit brevis (etiam in Difyllabis) ante monofyllabam in fine Mediationis & Terminationis pofitam; non autem ante duas monofyllabas ibidem pofitas. Ex. 7. 15. 16. 17. 18. 19. 20.

4. Polifyllabæ dictionis penultima brevis remanet brevis, antepenultima verò fit longa, cæteræ prout quantitas requirit: fed ultima fit longa ante monofyllabam in fine Mediationis & Terminationis pofitam, modo plures ipfi tribuantur Notæ; fecùs fit brevis. Ex. 9. 10. 11. 12. 13. 14. 21. 22. 23.

5. Polifyllabæ dictionis, exceptâ penultimâ brevi, quælibet fyllaba fit longa fi plures habeat Notas : vocalis tamen i ante omnem vocalem longam fit femper brevis. Exempla vide infra in tertio Tono, fub his Terminationibus, *Scabellum pedum tuorum. & congregatione.*

6. Ultima Nota Mediationis & Terminationis ita fit longa ut duabus longis æquivaleat Notis. (Quod pariter obfervandum ad finem in fingulis partibus Officij Divini.)

TABULA TONORUM.

PRIMI TONI.

Sic omnes intonantur Psalmi Vesperarum, primi Toni, quorum primæ dictionis secunda syllaba brevis; secùs ut Dixit. Sic autem ut hîc supra Donec ponam, intonantur directè cæteri Versus; sicut & primus cujuslibet Psalmi extra Vesperas; vel etiam

*ad ipsas Vesperas in Officio semiduplici & feriali.
Cum autem facienda est pausa, (verbi gratiâ ad
Crucem †,) sit etiam directè, (in omnibus Tonis,
sicut & Mediatio hujusce primi Toni.) Finis
vero sunt diversæ Terminationes singulis Antipho-
nis assignatæ. Quæ omnia pariter observanda sunt
in reliquis Tonis.*

*Ex his patet in primo Tono duas ad Intonationem
requiri syllabas, vel etiam tres dictionis penultimâ
brevi: similiter ad Mediationem, (& pausam
Crucis: †) quatuor autem regulariter ad finem
complendam. Sed pro diversâ dictionum qualitate
ac syllabarum quantitate, sequuntur varia Terminationis Exempla.*

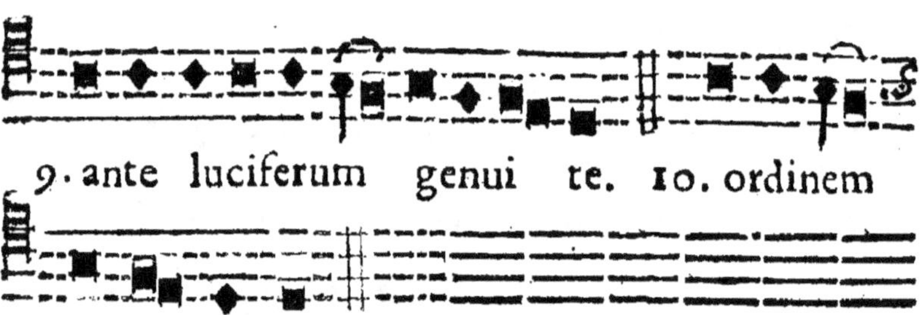

Hæc levis Notula ❙ *quæ sit celeriter ad libi-
tum, (gallicè* port- ❙ de-voix, *) confert ad vocem jucundè transferendam. Quæ forma decorè
servari potest in simili transitu.* Deo nostro sit ju-
cunda decoraque laudatio.

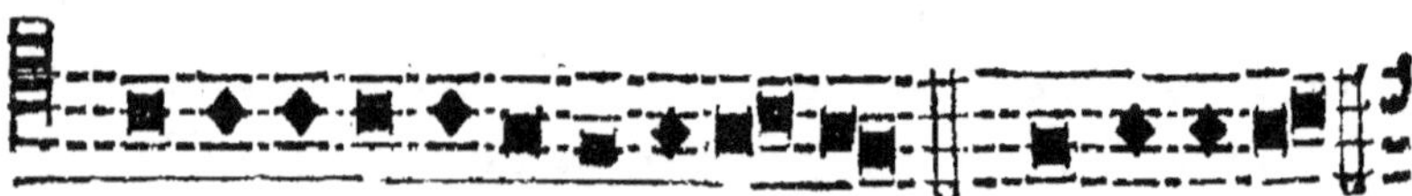

13.

13. ordinem Melchi-fedech. 14. Melchifedech.

15. & exaudi- vit me. 16. & exaudi- vit me.

17. & exaudivit me. 18. loquebar pacem de te.

19. pacem de te. 20. pacem de te. 21. & Spiri-

tui fan &to. 22. & Spiritui fan-&to. 23. &

Spiritui fan&to. 24. In exitu Ifraël de

Ægypto: domus Jacob de populo barbaro.

25. Facta eft Judæa fan&tificatio ejus:

Ifraël poteftas ejus. 26. Mare vidit &

Q

fugit :   Jordanis conversus est retrorsum. &c.

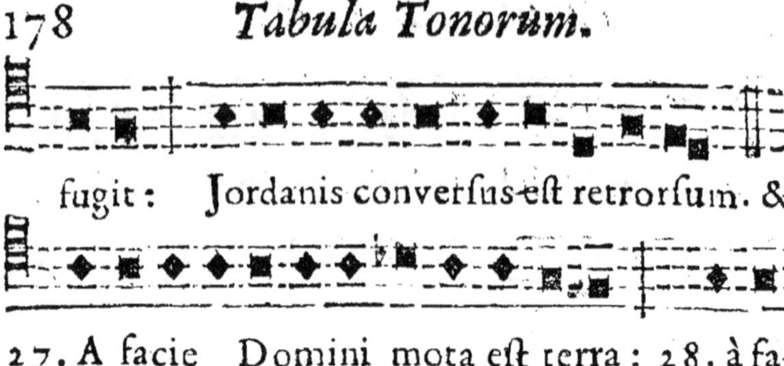

27. A facie   Domini mota est terra : 28. à fa-

cie   Dei Jacob. 29. Et protector eorum est.

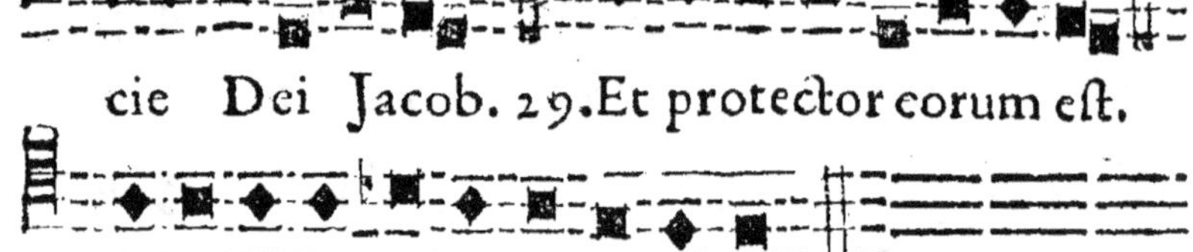

30. Adijciat   Dominus super vos :

In præscriptis Exemplis 9. 11. 12. brevis penul-
tima dictionis genui, eadem fit cum sequente syl-
labâ, modo subsequatur dictio monosyllaba; ita ut
quinque servandæ sint ad finem syllabæ.

In Exemplis 10. 13. 14. ultima dictionis penul-
tima brevis eadem fit cum sequente syllabâ, ita ut
etiam quinque sint ad finem syllabæ.

In Exemplis 15. 16. 17. ultima syllaba dictionis
eadem fit brevis cum sequente monosyllabâ ter-
minante.

In Exemplo 24. Cantus hic proprius essentialiter
est primi Toni.

In Exemplis 25. 26. 27. ultima dictionis nun-
quam attollitur, nec ulla brevis, ideo præcedens
syllaba.

In Exemplo 28. Disyllabæ cujuscunque dictionis
etiam Habraicæ prior syllaba semper censetur longa,
Jacob, David, Sion.

In Exemplis 29. & 30. ultima dictionis ante monosyllabam fit brevis.

Eodem modo, proportione servatâ, censendum est de alijs Exemplis, ac cæteris paribus in reliquis Tonis.

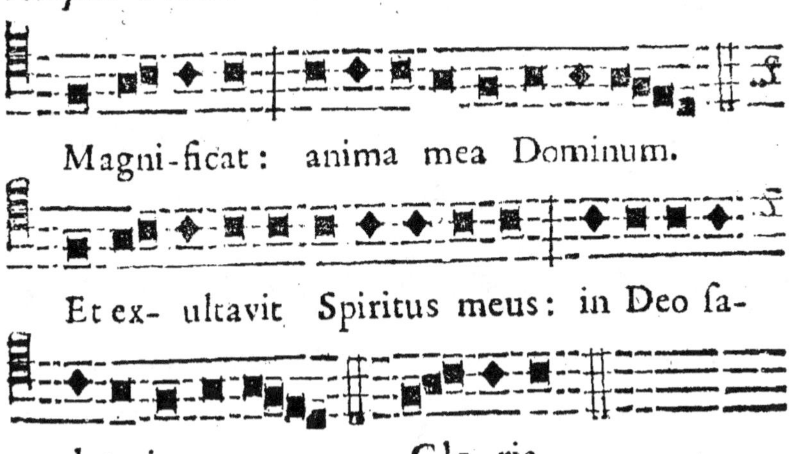

Et sic omnes Versus Canticorum Magnificat & Benedictus, quæ quidem graviter cantantur in Dominicis & Duplicibus Festis. Sed in Officio semiduplici ac feriali, Intonatio fit primi Versûs tantùm, directè cæterorum, qui & mediantur communiter ac de cæterò juxta Regulas præscriptas ut Psalmi. Finis autem ut notatur ad Antiphonas. Quæ omnia pariter observanda sunt in cæteris Tonis.

SECUNDI TONI.

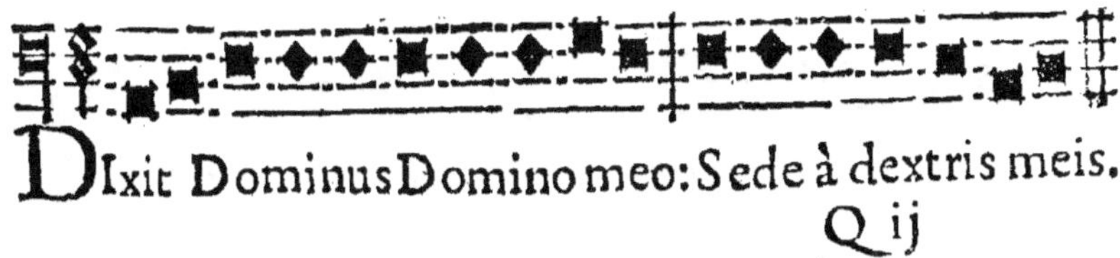

Mediationis & finis Exempla.

Intonationis & Mediationis Exempla.

Glo-ria Pa-tri. Benedic- tus Dominus
De-us If- raël : ex i- nimi-cis no-ftris :
Ad fa- ciendam. In fan-ctitate. Altif-
fimi voca- beris : Per vif- cera.
Il- lu- minare.

TERTII TONI.

Dixit Dominus Domino meo : Sede à dex-
tris meis. Donec ponam inimicos tuos :
fcabellum pedum tu- orum. Sæculorum amen.
e. u o. u. a e. Domine. Ma-gni- ficat :

Ad Mediationem tres Notæ regulariter in directum sequuntur Notam quæ attollitur. Sed pro varia syllabarum qualitate sequuntur diversa Mediationis ac Terminationis Exempla.

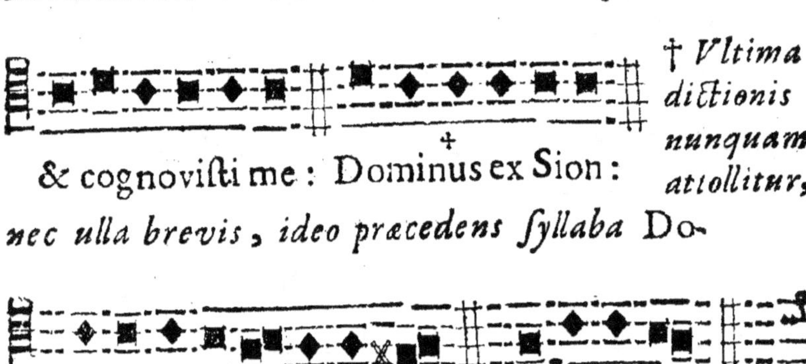

nec ulla brevis, ideo præcedens syllaba Do-

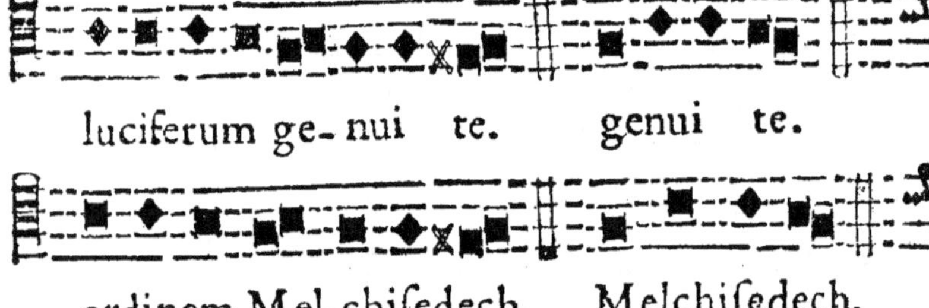

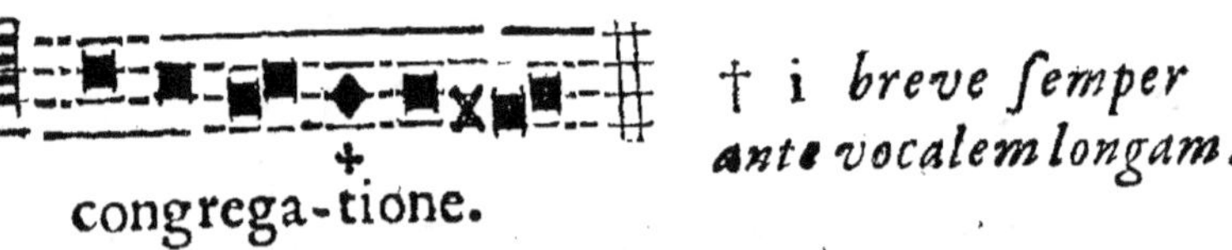

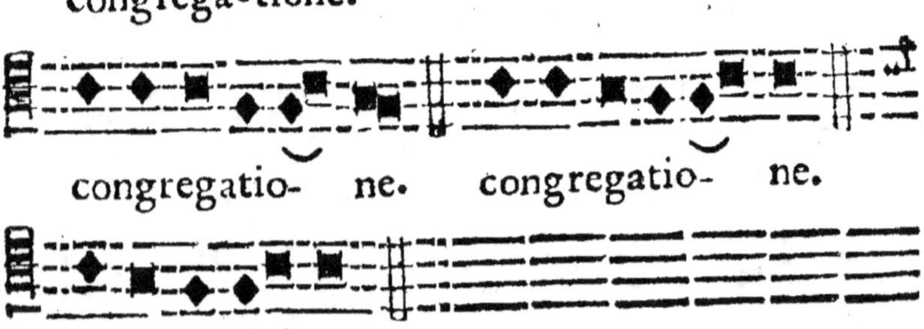

QUARTI TONI.

DIxit Dominus Domino meo: Sede à dex-
Vel in
tranſpoſito.
tris me- is. e. u. o. u. a. e.
e. u. o. u. a. e. e. u. o. u. a. e.
Domine. cognoviſti me: ex Sion:
Domine David: luciferum ge- nui te.
luciferum genui te. ordinem Mel-chi-ſedech.
ordinem Melchiſedech. & congrega-tio- ne.
& congregatione. & Spiritui ſan- &o.

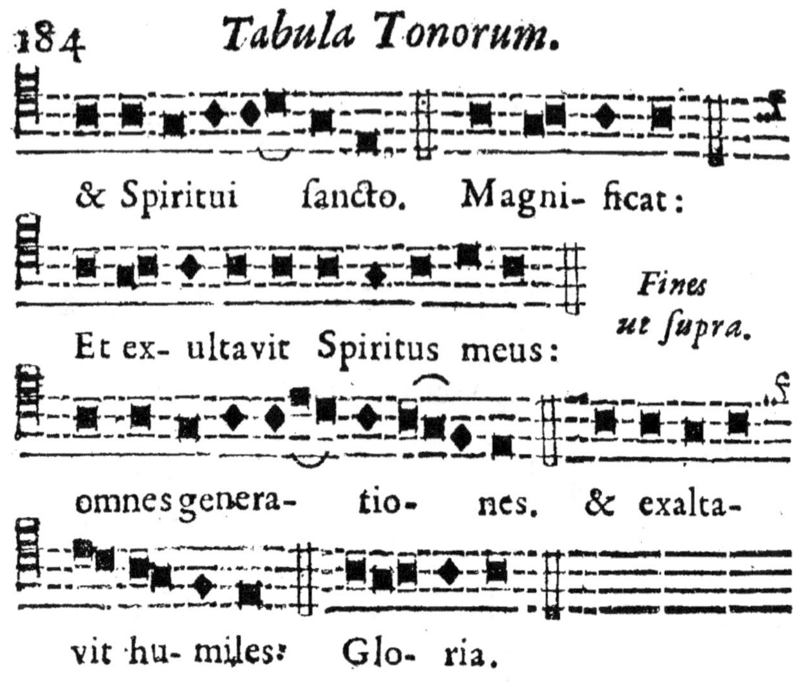

QUINTI TONI.

Exempla Mediationis eadem ac secundi Toni.
Sequuntur varia finis Exempla.

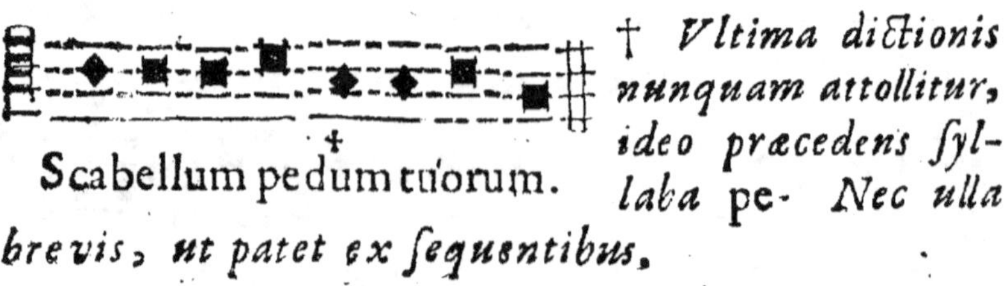

† *Vltima dictionis nunquam attollitur, ideo præcedens syl- laba pe- Nec ulla brevis, ut patet ex sequentibus.*

ante

ante luciferum genui te. ordinem Melchi-
sedech. diligentibus te. Magni-ficat:
Et ex- ultavit spiritus meus: in Deo salu-
tari meo.

SEXTI TONI.

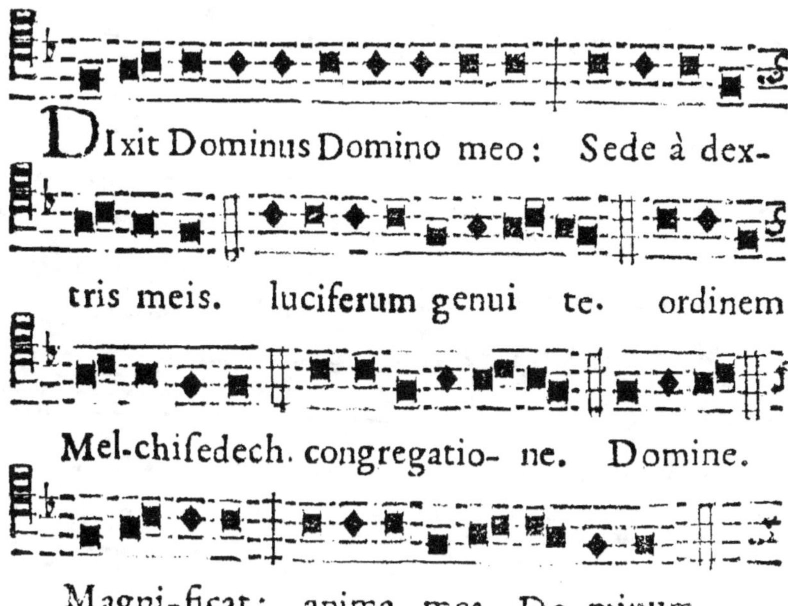

DIxit Dominus Domino meo: Sede à dex-
tris meis. luciferum genui te. ordinem
Mel-chisedech. congregatio- ne. Domine.
Magni-ficat: anima mea Do-minum.

R

Et ex- ultavit ſpiritus meus: in Deo ſalu-

tari me-o.　　Glo- ria.

SEPTIMI TONI.

DI-xit Dominus Domino meo ;　　Sede à dex-

tris meis.　　e. u. o. u. a. e.　　e. u. o. u. a. e.

e. u. o. u. a. e.　　Do- mine.　　Dominus ex

Sion :　　Patri & Filio :　　† *Vltima dictionis non attollitur ; nec ulla brevis, ideo præcedens ſyllaba.*

quod locutus ſum : pedum tuorum.　　lucife-

rum genui te.　　ordinem Melchiſedech.

OCTAVI TONI.

*Intonationis & Mediationis Exempla eadem ac
secundi Toni. Sequuntur varia Terminationis
Exempla.*

R ij

Intonationis & Mediationis Exempla ficut in
2. Tono.

CANTUS ECCLESIASTICI.

LITANIÆ
de Sanctiſſimo Sacramento.

Et ſic ſemper reſpondet Chorus hiſce duobus modis alternatim.

Spiritus ſancte De-us, mi. Sancta Trinitas unus De-us, mi- Panis vivus, qui de
cæ-lo deſcendiſti, Deus abſconditus
& Salva-tor, Frumentum electorum,
vinum germinans germinans vir- gines,
Panis pinguis & deliciæ deliciæ
Re- gum, Juge ſacrificium, oblati-
o mun-da, Agnus abſque macula,
Menſa puriſſima, Angelorum eſ- ca,

Manna abfcon ditum, Memoria mi-
rabilium De- i, Panis fuper- fubftanti-
a- lis, Ver- bum caro factum, habi-
tans in no- bis, hoftia hoftia fan-cta,
Calix benedi- ctio- nis, mifte- rium
fi- dei, Præcelfum & venerabile
Sacramen-tum, facrificium om-nium fan-
ctif-fimum, Vere propitiatorium pro
vivis & defunctis, cælefte antidotum

quo à peccatis præservamur, Stupendum
supra omnia mira culum, sacratissi-
ma Passio- nis commemora-tio,
Donum transcendens transcendens omnem pleni-
tu- dinem, Memoriale præcipuum
divini amo- ris, divinæ affluen-
tia largita- tis, Sacrosanctum &
augustissimum myste- rium, Pharma-
cum immortalita- tis, tremen-dum ac vi-
vificum

vificum Sa- cramen-tum, Panis omni-
poten- tia Ver-bi caro fa- ctus, incru-
en- tum sacrificium, Cibus & convi-va,
Dulcissimum convivium cui assistunt
Angeli ministran-tes, Sacramen-tum
pietatis, Vinculum charitatis, offe-
rens & oblatio, Spiritua- lis dul-
ce-do in proprio fonte degusta- ta,
Refectio anima- rum sancta- rum,

S

Viaticum in Domino morien- tium,

Pignus futuræ gloriæ, Agnus Dei,

qui tollis pecca- ta mun-di, Parce no- bis

Do- mine. Agnus Dei, qui tollis peccata

mun-di, Exaudi nos Do-mine. Agnus Dei,

qui tollis peccata mundi, misere- re no-bis.

LITANIÆ
de Sanctissimo nomine Iesu,
eodem ferè Cantu quo supra.

Yrie eleison, Christe ele-

ison, Kyrie ele- ison. Jesu au-
di nos, Je su exau- di nos. Pater de cælis De- us, misere- re no- bis. Fili
Redemptor mundi De-us, misere- re no-bis.
Spiritus sancte De- us, Sancta Trinitas unus De-us, Jesu Fili Dei
vi- vi, Jesu splendor Pa-tris, Jesu
candor lucis æter- næ, Jesu Rex glo-riæ,
Jesu Sol justitiæ, Jesu Fili Mariæ

Vir-ginis, Iesu admirabilis, Iesu
Deus for-tis, Iesu Pater futuri sæ-culi,
Iesu magni consilij Angele, Iesu po-
tentissime, Iesu patientis-sime,
Iesu obedientissime, Iesu mitis &
humilis corde, Iesu amator castita-tis,
Iesu amor no-ster, Iesu Deus pa-cis,
Iesu auctor vi-tæ, Iesu exemplar vir-
tu-tum, Iesu zelator anima-rum,

Jesu Deus no- ster, Jesu refugium
no- strum, Jesu Pater pauperum, Jesu
thesaurus fide- lium, Jesu bone pa- stor,
Jesu lux ve- ra, Jesu sapien- tia
æter- na, Jesu bonitas infini- ta,
Jesu via & vita no- stra, Jesu gau-
dium Angelo- rum, Jesu magister A-
postolo- rum, Jesu doctor Evangelista-
rum, Jesu fortitudo Mar- tyrum,

Jesu lumen Confesso- rum, Jesu puri-
tas Vir-ginum, Jesu corona Sanctorum
om- nium, Agnus Dei qui tollis peccata mun-di, Parce no- bis Je- su. Agnus
Dei qui tollis pecca- ta mun-di, Exaudi
nos Je- su. Agnus Dei qui tollis peccata
mun-di, misere- re nobis Je- su.

Litaniæ de B. Virgine Maria.
1. Cantus.

Sancta Dei ge- nitrix, ora pro no-bis.
Sancta Virgo Vir-ginum, ora pro nobis.
Mater Chri-sti, ora pro nobis. Mater divinæ gra- tiæ, ora pro no-bis. Mater
puris- sima, ora pro no-bis. Mater cas-
tis- sima ora pro nobis. Mater invio-
la- ta, Mater intemera- ta, Mater
ama- bilis, Mater admira- bilis,
Mater Creato- ris, Mater Salvato- ris
Virgo

Virgo prudentif-fima, Virgo veneran-da,
Virgo prædican- da, Virgo po-tens,
Virgo cle- mens, Virgo fide- lis, Specu-
lum jufti- tiæ, Sedes fapien- tiæ,
Caufa noftræ læti- tiæ, Vas fpiritu-
a- le, Vas honora- bile, Vas infi-
gne devotio- nis, Rofa my-ftica,
Turris Davi- dica, Turris ebur- nea,
Do- mus au- rea, Fœderis ar- ca,

T

Janua cæ-li, Stella matuti- na,
Salus infirmo- rum, Refugium peccato- rum.
Consolatrix afflicto- rum, Auxilium Chri-
stiano- rum, Regina Angelo- rum,
Regina Patriarcha- rum, Regina Prophe-
ta- rum, Regina Apostolo- rum, Regina
Mar-tyrum, Regina Confesso-rum, Regi-
na Vir-ginum, Regina sanctorum om-nium,
Agnus Dei, qui tollis peccata mun-di, Parce

Litaniæ de B. V. Maria.
2. Cantus.

T ij

Maria, ora pro nobis. Exaudi nos

Domine.

Litaniæ de B. V. Maria.

3. Cantus.

K Yrie ele- ifon, Chrifte e-

leifon, Kyrie ele- ifon. Chrifte

au- di nos, Chri-fte exau-di nos. Pater

de cælis De-us, miferere no- bis. Fili

Redemptor mundi De- us, mi. Spiritus

fancte De- us, Sancta Trinitas unus

De-us, Sancta Mari- a, o- ra pro
no- bis. Sancta Dei ge- nitrix,
Sancta Virgo Vir-ginum, Mater Chri-sti,
Mater divinæ gra- tiæ, Mater purif-
sima, Mater castif-sima, Mater in-
viola- ta, Mater intemera- ta, Mater
ama- bilis, Mater admira- bilis, Mater
Creato- ris, Mater Salvato- ris, Virgo
prudentif- sima, Virgo veneran- da,

Virgo prædican-da, Virgo po-tens, Virgo
cle-mens, Virgo fide- lis, Speculum
justi- tiæ, Sedes sapien- tiæ, Causa
nostræ læti- tiæ, Vas spiritua- le,
Vas honora- bile, Vas insigne devo-
tio- nis, Rosa my- stica, Turris Da-
vi- dica, Turris ebur- nea, Domus
au- rea, Fœ-deris ar- ca, Ja- nua
cæ- li, Stella matuti- na, Salus in-

firmo- rum, Refugium peccato- rum,
Consolatrix afflicto- rum, Auxilium
Chri-ftiano- rum, Regina Angelo- rum,
Regina Pa- triarcha- rum, Regina Pro-
pheta- rum, Regina Apoftolo- rum,
Regi- na Mar-tyrum, Regina Confeffo-rum,
Regi- na Vir-ginum, Regina fan- ctorum
om- nium, Agnus Dei qui tollis, pecca-
ta mun-di, Parce nobis Do-mine.   Agnus

Ad Modulationem variandam Chorus aliquando respondet huic tertio Cantui, sumendo suos omnes Versus de subsequenti Cantu.

Litaniæ de B. V. Maria.
4. *Cantus.*

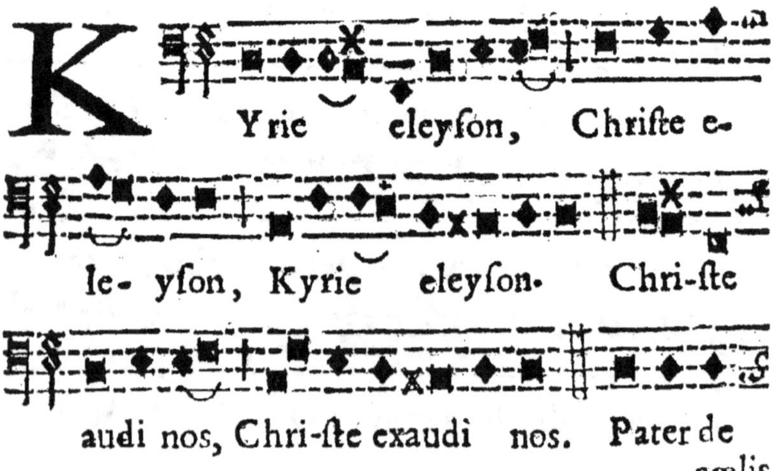

PLANCTVS DOLORIS,
de B. Virgine Maria.

V

Quæ mœrebat & dolebat, Et tremebat cum videbat Nati pœnas inclyti.

Quis est homo qui non fleret, Christi matrem si videret In tanto supplicio?

Quis posset non contristari, Piam matrem contemplari Dolentem cum filio?

Pro peccatis suæ gentis Vidit Jesum in tormentis, Et flagellis subditum.

Vidit suum dulcem natum, Morientem desolatum, Dum emisit spiritum.

Eia mater fons amoris, Me sentire vim doloris, Fac ut tecum lugeam.

Fac ut ardeat cor meum, In amando Christum Deum, Ut sibi complaceam.

Sancta Mater istud agas, Crucifixi fige plagas Cordi meo valide.

Tui nati vulnerati, Tam dignati pro me pati, Pœnas mecum divide.

Fac me vere tecum flere, Crucifixo condolere, Donec ego vixero.

Juxta crucem tecum stare, Te libenter sociare, In planctu desidero.

Virgo virginum præclara, Mihi jam non sis amara, Fac me tecum plangere.

Fac ut portem Christi mortem, Passionis ejus sortem, Et plagas recolere.

Fac me plagis vulnerari, Cruce hac inebriari, Ob amorem filij.

Inflammatus & accensus, Per te Virgo sim defensus In die judicij.

Fac me cruce custodiri, Morte Christi præ-
muniri, Confoveri gratia.

Quando corpus morietur, Fac ut animæ donetur
Paradisi gloria.

℣. Tuam ipsius animam doloris gladius pertransivit.

℟. Ut revelentur ex multis cordibus cogitationes.

Antiphonæ B. Mariæ Virginis,
ad variationem Antiphonarij.

re fumens il-lud ave, Peccato-rum mi-fere-re.
A
Ve Regi-na cælo-rum, Ave Do-
mina Angelo- rum, Salve ra-dix, falve por-
ta, Ex qua mun-do lux eft or-ta. Gaude Virgo
glorio- fa, fuper omnes fpecio- fa: Vale ô val-
de deco-ra, Et pro no-bis Chriftum exo-ra.
R
Egina cæli læta-re, allelu-ya.
Quia quem merui- fti portare, al-lelu-ya,
Refurrexit ficut di-xit, allelu- ya.

Ora pro nobis De- um, al- lelu- ya.

S

Alve Regi-na, Mater misericor- diæ:
vita, dulce- do, & spes nostra sal-ve. Ad te
clama-mus exules filij E- væ: ad te suf-
pira-mus, gementes & flen-tes in hac lachry-
marum val-le. Eia ergo Advocata no-stra,
illos tu- os misericor- des oculos   ad nos
conver-te. Et Jesum be-ne-di-ctum fructum ven-
tristu- i, nobis post hæc exilium   osten-de.

AD SALVTEM,

Antiphona de Sanctissimo Sacramento,

in spiritu & forma Cantus Gregoriani.

℣. Panem de cælo præstitisti eis.
℟. Omne delectamentum in se habentem.

Antiphona B. Mariæ Virginis.

℣. *Ratione temporis*
variatur.

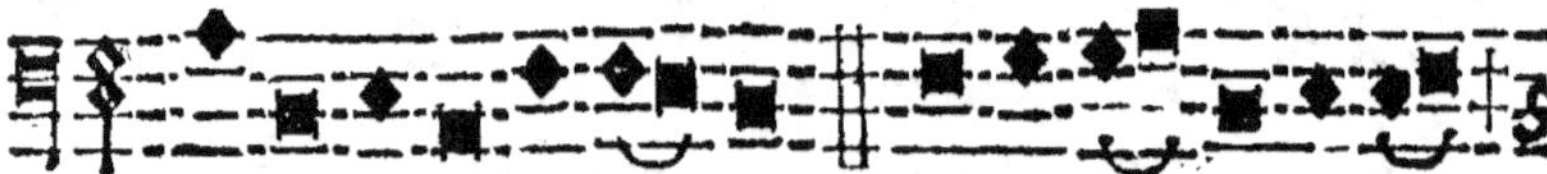

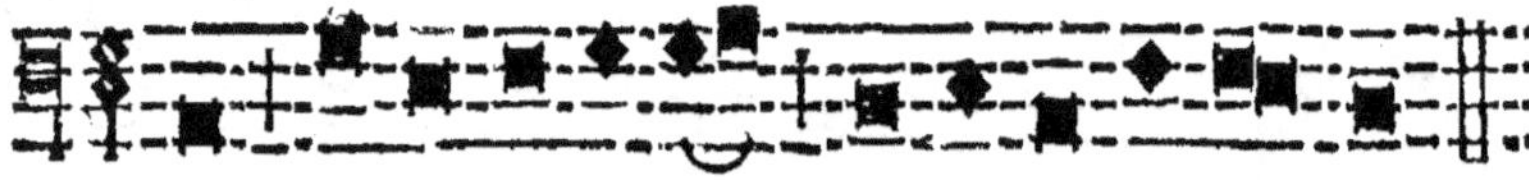

Sicut e- rat in princi- pio, & nunc & fem-

per : Et in fæcula fæculorum, a- men.

℣. Fiat manus tua fuper virum dexteræ tuæ.
℟. Et fuper filium hominis quem confirmafti tibi.

PARISIIS,

Sumptibus, operâ, & ftudio G. G. N i v e r s, Capellæ
Regis Chriftianiffimi Organiftæ, necnon Muficec
Reginæ Chriftianiffimæ Præfecti.

M. D C. LXXXIII.

Cum Approbatione & Privilegio Regis.

Ex Typographia C h r i s t o p h o r i B a l l a r d, unici
Regiæ Muficæ Typographi.